Narcissisme : quand l'ego dévore les relations

Édition : BoD – Books on Demand, info@bod.fr
Impression : BoD – Books on Demand, In de Tarpen 42,
Norderstedt (Allemagne)
Impression à la demande

Illustration : par l'auteur

ISBN : 978-2-3225-1826-5

Dépôt légal : Novembre 2023

Narcissisme : quand l'ego dévore les relations

Véronique Lopez

« Je me fous, fous de vous,
vous m'aimez, mais pas moi,
moi je vous voulais mais
confidence pour confidence,
c'est moi que j'aime à travers vous. »

Jean Schultheis

.

SOMMAIRE

AVANT-PROPOS

Au cours de mes années de pratique, j'ai rarement rencontré en consultation des patients se déclarant eux-mêmes narcissiques. En effet, ces personnalités ont peu conscience de leur trouble, et ne suivent qu'exceptionnellement une psychothérapie pour cette raison. De plus, lorsqu'ils rencontrent un problème relationnel, c'est toujours la faute des autres, pas la leur.

En revanche, j'ai reçu de nombreux patients souffrant des conséquences d'une relation avec un proche narcissique, qu'il s'agisse d'un parent, d'un conjoint ou d'un ami.

J'ai été particulièrement marquée par le témoignage bouleversant de Marion*, dont l'enfance avait été saccagée par une mère au narcissisme ravageur. L'emprise de cette femme, son chantage affectif permanent et

—————

*prénom modifié

ses crises violentes l'avaient profondément meurtrie.

Au fil de nos séances, la parole de Marion m'a alertée sur l'importance d'éclairer cette problématique méconnue. Derrière la manipulation et le mépris peuvent se cacher des blessures qu'il est possible d'apaiser, à condition de les comprendre.

Cet ouvrage est né de la volonté de mieux faire connaître le narcissisme, au-delà des clichés glaçants. Mon espoir est qu'il contribue à panser des plaies intérieures habilement dissimulées sous un vernis de perfection.

INTRODUCTION

Que ressentez-vous lorsque l'on vous ignore ou rabaisse votre point de vue ? Ou lorsque vos réussites sont minimisées alors que les moindres exploits de votre interlocuteur sont célébrés ? Comment réagissez-vous lorsqu'une personne fait systématiquement passer ses besoins et intérêts avant les vôtres dans la conversation ?

C'est ainsi que le narcissique traite son entourage au quotidien. Incapable d'empathie, il ne voit en l'autre qu'un faire-valoir ou un rival. Ses proches en ressortent meurtris, déboussolés.

Prisonnier de ses failles intérieures, le narcissique navigue entre des sentiments opposés de toute-puissance et de néant abyssal. Tel le dieu Janus, ce trouble présente deux visages. D'un côté, l'assurance hautaine et le mépris d'autrui. De l'autre, une fragilité dissimulée, une estime de soi en lambeaux.

Dans cet ouvrage, nous explorerons ensemble les diverses théories psychanalytiques pour éclairer les racines de ce mal insidieux. Nous verrons comment ce trouble se met en place dès l'enfance, à travers quelles blessures et carences affectives. Puis, nous décortiquerons en détail les stratégies mises en place par le narcissique adulte pour assouvir son besoin viscéral de reconnaissance, ces manipulations relationnelles si habiles qui le rendent si toxique pour son entourage.

Nous aborderons également le quotidien avec le narcissique, que ce soit dans la sphère privée ou professionnelle, ainsi que son utilisation addictive des réseaux sociaux. Nous explorerons les problématiques spécifiques de l'enfant confronté à un parent narcissique.

Enfin, nous verrons ensemble des solutions concrètes pour faire face au narcissique, qu'il soit conjoint, parent, ami ou collègue. Comment poser ses limites avec fermeté sans crainte de représailles ? Comment accompagner un enfant face à ce parent toxique ? Autant de pistes qui vous permettront d'appréhender le narcissisme de manière plus sereine et affirmée.

Je vous invite à plonger avec moi dans les arcanes de cet esprit meurtri, en quête perpétuelle de lui-même. Au fil des pages se dévoilera, je l'espère, une compréhension plus fine du narcissisme et de ses enjeux relationnels. Vous en sortirez sans nul doute mieux armé pour affronter ce trouble complexe.

CONCEPT DE NARCISSISME

Le terme "narcissisme" puise son origine dans le mythe grec de Narcisse. Narcisse était un jeune homme d'une grande beauté, mais qui rebutait quiconque tombait amoureux de lui. Un jour, en se penchant au-dessus d'une source pour se désaltérer, Narcisse aperçut son reflet dans l'eau et en tomba éperdument amoureux. Incapable de quitter des yeux l'objet de sa passion, il resta figé face à cette image de lui-même jusqu'à en mourir.

En psychologie, le narcissisme désigne un investissement excessif sur soi-même. Cet intérêt démesuré pour sa propre personne s'accompagne d'un désintérêt pour autrui.

Plusieurs conceptions du narcissisme ont émergé au cours du 20ème siècle en psychanalyse et en psychologie. Mais toutes s'accordent sur le fait qu'un amour de soi hypertrophié peut devenir pathologique et donner lieu à un trouble spécifique.

On distingue classiquement le narcissisme primaire normal du nourrisson, nécessaire à la construction de son identité, et le narcissisme pathologique qui envahit toute la personnalité.

Le narcissisme comme trouble se caractérise par une quête effrénée d'admiration pour compenser une estime de soi fragile. Sous le masque de la toute-puissance, se cache un profond sentiment de vide que le narcissique tente de combler.

Dans ce chapitre, nous explorerons les différentes définitions du narcissisme en psychologie et psychanalyse. Puis, nous verrons comment le distinguer d'un simple trait de personnalité. Enfin, nous aborderons les critères diagnostiques du trouble narcissique.

HISTOIRE DU NARCISSISME

Les premiers travaux sur le narcissisme ont été menés par le psychologue Albert Ellis en 1898. Il décrivait des individus présentant un "amour-propre blessé" et un besoin maladif d'être admiré. Selon lui, ces personnalités narcissiques compensent un sentiment d'infériorité et une estime de soi fragile.

Dans les années 1960, le psychiatre Otto Kernberg enrichit cette approche en distinguant le narcissisme normal du narcissisme pathologique. Le premier est une composante saine permettant de maintenir l'estime de soi. Le second devient dysfonctionnel quand il envahit entièrement le psychisme.

Kernberg définit alors le narcissisme malin comme "un trouble de la personnalité caractérisé par un ego extrêmement faible et un faux self grandiose". Le faux self désigne une partie inauthentique de la personnalité que le narcissique construit pour cacher sa véritable vulnérabilité. Derrière ce faux self surdimensionné et tout puissant, se dissimule un profond sentiment de vide et de manque.

Cette description met en lumière la dimension défensive du trouble narcissique. Le narcissisme permet de compenser un ego fragilisé par la construction d'une image de soi idéalisée et omnipotente, mais factice et dissociée du vrai self.

Le DSM-5 (manuel diagnostique et statistique des troubles mentaux) caractérise le trouble narcissique de la personnalité par un "besoin excessif d'être admiré" et un "manque d'empathie". Il s'accompagne d'une hypersensibilité aux critiques.

Ainsi, les diverses définitions du narcissisme s'accordent sur la présence d'un amour de soi hypertrophié, compensant une estime de soi fragile. Cet équilibre illusoire a des répercussions profondes sur le fonctionnement psychique et relationnel du narcissique.

Dans la suite de ce chapitre, je vous invite à comprendre comment distinguer narcissisme normal et narcissisme pathologique, avant d'aborder les critères diagnostiques du trouble narcissique.

CONFIANCE EN SOI, NARCISSISME SAIN ET NARCISSISME PATHOLOGIQUE

La confiance en soi est souvent confondue à tort avec le narcissisme. Pourtant, ces deux concepts recouvrent des réalités bien distinctes. Alors que la première reflète une connaissance objective de soi, le second renvoie à une vision idéalisée, voire grandiose de soi.

Dans ce chapitre, je vous propose d'explorer les frontières entre confiance en soi et narcissisme, qu'il soit sain ou pathologique. Nous verrons que le narcissisme, même dans des proportions dites normales, se distingue par une plus grande dépendance au regard de l'autre que la simple confiance en ses capacités. Je vais tenter d'exposer le point de basculement à partir duquel l'amour de soi exacerbe la vanité et obscurcit la conscience de soi.

Au terme de ce parcours, vous serez plus à même de discerner, avec plus de clarté, les limites entre ces deux notions souvent amalgamées à tort. Vous éviterez ainsi l'écueil d'un excès de narcissisme sous couvert d'une prétendue assurance personnelle.

Confiance en soi

La confiance en soi est une composante psychologique saine, à ne pas confondre avec le narcissisme, même dans sa version "normale".

La confiance en soi reflète la connaissance objective de sa valeur personnelle et de ses capacités. La personne a un regard juste sur elle-même, reconnaissant ses points forts ET ses points à améliorer. Son amour-propre ne dépend pas du regard des autres.

Le narcissisme normal assure également une estime de soi adaptée. Mais avec une tendance subtile à se placer au-dessus des autres. La personne tire une partie de son amour-propre de la comparaison et la compétition. Ses objectifs restent empreints d'un désir de reconnaissance sociale.

Ainsi, la confiance en soi se distingue par une plus grande indépendance vis-à-vis du regard extérieur. La personne se fixe des objectifs en accord avec ses aspirations profondes, non pour briller aux yeux des autres.

Elle n'a pas besoin de dénigrer autrui pour s'élever, elle trouve en elle les ressources nécessaires pour avancer sereinement. Ni trop modeste, ni trop ambitieuse, la personne confiante en elle trace sa route avec justesse, en restant sensible aux besoins d'autrui.

Narcissisme sain

Bien que nous possédions tous une part de narcissisme, celui-ci ne devient problématique que lorsqu'il envahit l'ensemble de la personnalité.

Le narcissisme est une dimension normale et saine de la personnalité, à un degré modéré. Chacun a besoin d'un minimum d'investissement narcissique pour se construire et trouver sa juste place dans le monde.

Cet équilibre narcissique permet de maintenir une estime de soi adaptée, ni trop haute ni trop basse. La personne a alors confiance en ses capacités tout en conservant un sens des réalités et du relatif.

Le narcissisme normal assure une solidité intérieure face aux aléas de l'existence et aux regards extérieurs. Il fournit une assurance de base pour oser affirmer ses besoins et son unicité.

Sans verser dans l'excès, il soutient l'ambition personnelle et la capacité à se projeter sereinement dans l'avenir. Il nourrit la créativité et l'initiative.

Le narcissisme sain se manifeste par :

• Une confiance en soi sans démesure : la personne connaît ses points forts et ses limites.

• La capacité à parler de soi avec mesure, sans accaparer l'échange.

- Savoir recevoir des compliments avec modestie.

- Reconnaître ses torts et erreurs quand c'est nécessaire, sans effondrement.

- Se fixer des objectifs ambitieux sans sombrer dans la mégalomanie.

- Prendre soin de son image sans en être obsédé.

- Accepter les critiques constructives pour évoluer.

- Se réjouir des succès d'autrui sans jalousie excessive.

- Respecter les désaccords sans les percevoir comme des attaques personnelles.

Ainsi, l'individu au narcissisme sain sait valoriser ses qualités tout en restant objectif sur lui-même et ouvert aux autres. Il se nourrit de réussites sans en tirer d'orgueil.

Cette dose saine de narcissisme aide à tracer son propre chemin dans le respect d'autrui, en résistant à la tentation de l'égoïsme.

L'individu prend soin de lui-même sans s'isoler du monde.

Narcissisme pathologique

Le narcissisme devient pathologique quand il monopolise le psychisme et les relations. La personne présente alors les caractéristiques d'un trouble spécifique :

- Sentiment de supériorité exacerbé
- Besoin excessif d'être admiré
- Manque d'empathie et d'intérêt pour autrui
- Hypersensibilité aux critiques
- Envie et mépris des autres
- Quête de pouvoir et de contrôle

Contrairement au narcissique sain qui conserve une certaine capacité à s'investir dans des relations et des causes externes à lui-même, le narcissique pathologique est centré exclusivement sur la satisfaction de ses propres besoins.

Il est important de repérer le point de basculement où le narcissisme, de dimension saine de la personnalité, prend des proportions pathologiques et vient perturber le fonctionnement global de l'individu.

La frontière entre une saine confiance en ses capacités et un narcissisme excessif peut sembler ténue. Pourtant, basculer de l'une à l'autre relève plus de la métamorphose intérieure que du simple glissement.

En effet, la personne fondamentalement confiante possède une connaissance objective d'elle-même. Son amour-propre ne dépend pas du regard de l'autre. Elle sait reconnaître ses torts.

Le narcissique sain conserve certes cette indépendance. Mais avec déjà une tendance subtile à l'arrogance et au besoin de briller.

Le passage à un narcissisme envahissant résulte plutôt d'un effondrement narcissique. Suite à un échec retentissant ou une humiliation, par exemple. Cet effritement de l'ego pousse alors la personne à des stratégies de reconquête narcissique pour survivre psychiquement.

Plus qu'un glissement, le narcissisme grave survient après un séisme des fondations narcissiques. Il convient alors de soigner en profondeur ces blessures pour espérer une reconstruction solide de l'amour-propre, cette fois détaché de la seule validation externe.

CRITÈRES DIAGNOSTIQUES DU TROUBLE NARCISSIQUE

Le narcissisme devient donc pathologique lorsqu'il prend des proportions envahissantes et vient perturber le fonctionnement global de l'individu.

Pour aider au diagnostic, la psychiatrie s'appuie sur des critères précis définis dans le DSM-5. Celui-ci caractérise le trouble narcissique de la personnalité par la présence d'au moins 5 des 9 critères suivants :

1. Sentiment de supériorité exagéré

2. Préoccupation par des fantasmes de succès illimités

3. La personne croit être "unique" et ne pouvoir être comprise que par des institutions ou des gens spéciaux

4. Besoin excessif d'admiration

5. Sens de ses droits surévalué

6. Tendance à profiter des autres pour parvenir à ses fins

7. Manque d'empathie

8. Envie souvent les autres et pense que les autres l'envient

9. Attitude hautaine et condescendante

Bien que perfectibles, ces critères offrent des repères objectifs pour évaluer si le narcissisme d'un individu a pris une dimension pathologique. Ils permettent de distinguer le trouble spécifique du narcissisme d'autres diagnostics proches tels que le trouble antisocial ou le trouble de la personnalité borderline, avec lesquels il partage certains traits.

En effet, ces trois troubles se caractérisent par des difficultés relationnelles et un certain égocentrisme. Mais le trouble narcissique possède des particularités qui le différencient.

Par exemple, il se distingue du **trouble antisocial** par un moindre passage à l'acte violent ou délictueux. Le narcissique recherche l'approbation là où l'antisocial défie les normes. Son égocentrisme est motivé par la quête de valorisation personnelle, là où l'antisocial poursuit ses intérêts propres sans scrupules.

Quant au **trouble borderline (état limite)**, il se distingue du narcissisme par une estime de soi très dévalorisée et une hypersensibilité émotionnelle.

Toutefois, une comorbidité entre narcissisme et état limite est possible. Nous explorerons plus loin dans cet ouvrage le cas particulier du "narcissique borderline" qui cumule aspiration narcissique et fragilité affective de l'état limite.

Mais de manière générale, le narcissique classique présente une estime surévaluée et un besoin de contrôle bien distincts des caractéristiques de l'état limite, même si des nuances existent.

En conclusion, malgré des points communs, chaque diagnostic possède des spécificités permettant de les distinguer, essentielles pour orienter la prise en charge.

Nous pouvons donc dire que le narcissisme oscille entre une dimension saine, voire utile, et une dimension pathologique, lorsqu'il envahit l'ensemble de la personnalité. Mais d'où vient ce besoin viscéral de reconnaissance qui caractérise le narcissique ? Pourrait-on remonter aux racines de ce trouble si singulier ?

La psychanalyse apporte un éclairage précieux sur la genèse du narcissisme en mettant en évidence le rôle des carences affectives précoces. Lorsque les besoins émotionnels fondamentaux de l'enfant ne sont pas comblés, cela peut générer des failles narcissiques.

C'est en explorant le passé du narcissique et la façon dont s'est construit son trouble que l'on peut espérer l'accompagner vers plus d'équilibre. Car ses attitudes envahissantes sont bien souvent une demande d'amour détournée qu'il est possible d'apaiser.

Dans le prochain chapitre, nous explorerons plus en détails les racines du narcissisme selon la psychanalyse. Je vous invite à

découvrir comment les blessures narcissiques s'enracinent dès l'enfance et quel rôle
peuvent jouer les parents dans l'émergence
de ce trouble complexe.

LE NARCISSISME EN PSYCHANALYSE

La psychanalyse a apporté un éclairage déterminant sur la compréhension du narcissisme, notamment en explorant ses racines dans l'enfance. Plusieurs concepts-clés ont été développés par Freud, Jung et les analystes contemporains.

Dès 1914, Freud évoque un narcissisme primaire normal chez l'enfant. Durant ses premières années, l'enfant concentre toute son énergie affective et son intérêt sur lui-même. Cela lui permet de structurer progressivement sa personnalité et son identité propre.

Mais certains événements traumatisants peuvent entraver ce processus et conduire à un narcissisme pathologique. Par exemple, des parents froids, critiques ou indifférents aux besoins de l'enfant. Ou encore des abus et maltraitances précoces.

Face à ces traumatismes, l'enfant va se replier sur lui-même de manière excessive par un mécanisme de défense. Freud parle alors d'un narcissisme secondaire : ne pouvant investir affectivement autrui, l'enfant concentre toute son énergie sur son "moi" de façon idéalisée.

Le psychiatre Carl Jung met l'accent sur le concept de Soi, une instance psychique centrale selon lui. Le Soi englobe, entre autres, à la fois le conscient, l'inconscient personnel d'un individu, et l'inconscient collectif commun à l'humanité.

Selon Jung, le narcissique présente une dissociation, une scission entre son moi (son identité consciente) et son Soi (son noyau profond). En d'autres termes, ses efforts exagérés pour valoriser son moi, son image sociale, son ego, masquent un désinvestissement du Soi, de l'essence de son être.

Le narcissique met toute son énergie à satisfaire les désirs de son moi et à le glorifier. Mais cette quête effrénée cache en réalité un déni du Soi. En négligeant sa vie intérieure et spirituelle, le narcissique s'éloigne de son noyau existentiel.

Jung considère que le retour à l'unité entre le moi et le Soi est nécessaire pour trouver un équilibre. Le narcissique doit réinvestir les sphères profondes de son être qu'il délaisse au profit de la valorisation de son ego superficiel.

D'autres psychanalystes ont exploré l'origine précoce du narcissisme dans l'enfance, notamment la relation du nourrisson à la mère. Des perturbations de ce lien peuvent conduire à une fixation narcissique.

Par exemple, Melanie Klein situait l'origine du narcissisme dans les premiers mois de la vie du nourrisson. Selon elle, le bébé passe par des phases schizo-paranoïdes et dépressives durant lesquelles il construit sa relation à la mère.

Des perturbations de cette relation précoce, par manque de soins maternels adaptés, peuvent entraîner une fixation à un stade narcissique primaire. L'enfant reste alors dans l'incapacité de nouer des relations objectales épanouissantes.

Donald Winnicott met l'accent sur l'importance d'un environnement suffisamment "bon" et sécurisant durant l'enfance. Un holding (manière dont la mère "porte" à la fois physiquement et émotionnellement son bébé) suffisamment adapté aux besoins du nourrisson lui apporte le sentiment de sécurité nécessaire à son développement psycho-affectif.

Selon Winnicott, en l'absence d'un holding maternel stable et sécurisant, le nourrisson ne développe pas un "vrai self" autonome, mais un "faux self" visant à s'adapter aux attentes externes. Une faille dans la relation précoce à la mère génère alors une faille narcissique chez l'enfant. Privé d'un environnement adapté à ses besoins, le bébé construit une persona en décalage avec ses aspirations profondes, d'où un sentiment de vide interne et d'inauthenticité.

Ainsi, Winnicott met en évidence l'impact des carences précoces du holding maternel dans la genèse du narcissisme. Faute de ce portage sécurisant, le nourrisson développe des mécanismes de compensation narcissiques visant à préserver une cohésion identitaire fragile.

Otto Kernberg a décrit le narcissisme malin, caractérisé par le clivage entre un faux self grandiose et tout-puissant et un vrai self dévalorisé et honteux. Le narcissique alterne entre ces deux états psychiques qui créent une instabilité.

Ces approches mettent en évidence l'impact des traumatismes relationnels précoces dans la genèse du narcissisme. Voyons à présent le rôle spécifique de la mère.

André Green a développé le concept de "complexe de la mère morte" pour expliquer l'émergence de troubles narcissiques. Selon lui, certains enfants intériorisent l'image d'une mère absente ou indifférente.

Cette identification à la mère morte résulte d'un échec précoce de la relation à la mère, qui n'a pas pu jouer son rôle de miroir valorisant et contenant pour l'enfant.

Ce dernier construit alors son narcissisme sur le mode de ce complexe, avec une oscillation entre toute-puissance et désespoir. Il alterne entre une position active "je n'ai besoin de personne" et une position de mort psychique "personne n'a besoin de moi".

Cette approche met en lumière les conséquences dramatiques d'une carence des fonctions maternelles sur la construction du narcissisme infantile.

D'autres psychanalystes comme Bela Grunberger ont insisté sur le rôle du père et de la fonction symbolique de tiers séparateur dans la relation précoce mère-enfant.

Son absence ou sa faiblesse empêcherait la différenciation entre le narcissisme primaire physiologique du nourrisson et la relation objectale. L'enfant resterait alors fixé au stade du narcissisme infantile fusionnel.

Quelles qu'elles soient, les approches psychanalytiques éclairent le rôle des défaillances parentales précoces dans l'émergence d'une problématique narcissique. Elles peuvent aussi nous permettre d'examiner d'autres origines du narcissisme.

Des traumatismes dans l'enfance

En effet, outre le rôle des parents, différents événements traumatiques durant l'enfance sont susceptibles de générer des failles narcissiques :

- Maltraitance physique ou psychologique

- Abus sexuels

- Harcèlement scolaire

- Séparation ou abandon des parents

- Placement en foyer ou en famille d'accueil

- Deuil d'un proche

- Maladie grave ou handicap

Ces traumatismes, par la détresse qu'ils provoquent, peuvent conduire l'enfant à des stratégies de survie narcissiques. Surinvestissement de soi, dévalorisation d'autrui, mise à distance émotionnelle sont des mécanismes de protection face à des vécus intolérables.

S'installe alors une vulnérabilité narcissique qui pousse le sujet à rechercher des gratifications externes pour maintenir une cohésion identitaire fragile. Sous l'ego grandiose affiché, se cachent des sentiments de honte et d'indignité.

Le narcissisme devient une tentative désespérée de préserver une image valorisante de soi, malmenée par des blessures ayant porté atteinte au sentiment de sa propre valeur.

Pour conclure, la psychanalyse met en lumière les racines du narcissisme dans les failles narcissiques précoces, qu'elles soient d'origine relationnelle ou traumatique. Dans le prochain chapitre, nous explorerons de manière concrète ces origines à travers des cas cliniques.

LES ORIGINES
DU NARCISSISME

Comme nous l'avons vu dans le chapitre précédent, le narcissisme trouve souvent ses racines dans l'enfance, à travers des blessures narcissiques précoces fragilisant l'estime de soi de l'enfant. Je vous propose d'explorer les différentes origines possibles de ce trouble, à travers des exemples concrets tirés de ma pratique. Nous verrons comment certaines défaillances dans l'environnement familial et affectif du jeune enfant peuvent l'amener à développer des mécanismes narcissiques compensatoires.

Les blessures narcissiques durant l'enfance

Les blessures narcissiques désignent les différents traumatismes survenant durant l'enfance, qui viennent porter atteinte à l'estime de soi et à la construction identitaire du jeune enfant. Elles peuvent prendre diverses formes : violence psychologique des parents, climat de rejet ou de froideur, négligence des besoins affectifs de l'enfant, etc.

Ces blessures génèrent un profond sentiment d'indignité et de manque, qui conduit l'enfant à des stratégies narcissiques compensatoires pour préserver une image de soi positive. Le narcissisme se développe alors comme une carapace protectrice face à ces expériences douloureuses.

Prenons l'exemple de Louise qui vient me consulter pour des troubles anxieux invalidants. Au fil des séances, elle se confie sur son enfance chaotique aux côtés de parents toxiques. Son père était alcoolique et violent psychologiquement, rabaissant constamment Louise et ses frères et sœurs. Sa mère était trop fragile et effacée pour les protéger de ces humiliations quotidiennes. Louise a développé un narcissisme de survie pour faire face à ce climat délétère. Inconsciemment, elle s'est construit une image d'elle-même comme étant supérieure et indestructible. Mais sous ce vernis, elle cache une extrême vulnérabilité. Aujourd'hui encore, la moindre critique réveille ce traumatisme narcissique infantile et déclenche des crises d'angoisse massives.

L'impact dévastateur des parents narcissiques

De nombreuses études mettent en évidence le rôle déterminant de parents narcissiques dans le développement du narcissisme chez l'enfant. En effet, les parents narcissiques sont centrés sur la satisfaction de leurs propres besoins, au détriment de ceux de leur enfant. Ils attendent de lui qu'il serve leurs intérêts, et leur apporte admiration et valorisation.

Plusieurs attitudes néfastes sont fréquemment retrouvées (Thomas, 2022) :

- Dénigrement et critique systématique de l'enfant
- Contrôle excessif et restrictif

- Violences psychologiques par du chantage affectif

- Instabilité émotionnelle et imprévisibilité

- Indisponibilité aux besoins concrets et affectifs de l'enfant

Selon le psychologue Million, les différents comportements parentaux toxiques fragilisent l'estime de soi de l'enfant et son sentiment de sécurité interne. Ils l'empêchent de construire sereinement son identité et sa confiance en lui.

Pour compenser ces carences, l'enfant peut développer un narcissisme secondaire pathologique, comme nous l'avons vu plus haut. Il construit une fausse image de lui grandiose pour faire face au sentiment de vulnérabilité et d'illégitimité généré par ses parents.

Marion a grandi avec une mère clairement narcissique. Cette dernière alternait entre plusieurs attitudes extrêmes : elle pouvait raconter des parties de sa vie où elle avait été admirée et aimée, ou alors au contraire se dénigrer dans l'attente d'être rassurée. Même lorsqu'elle complimentait Marion, elle se débrouillait pour se mettre elle-même en valeur au travers de sa fille : « Elle pouvait me dire que j'étais belle et, dans la même phrase me dire que je lui ressemblais. Ou alors, elle faisait l'âne pour avoir du son, me disait qu'elle ne comprenait pas comment je pouvais être aussi intelligente avec une mère comme elle. Il fallait absolument que je lui réponde que c'était normal, qu'elle-même était très intelligente, c'était comme un scénario déjà écrit, une obligation tacite ».

Ayant grandi bercée de ces compliments qui n'en étaient pas et d'un amour apparemment immense, mais en fait conditionnel, Marion a développé une image d'elle-même très fragile. Inconsciemment, elle comble ce manque affectif en recherchant l'attention de ses partenaires. Derrière une façade confiante et solide, se cachent une extrême dépendance affective, et l'angoisse d'être abandonnée.

L'absence ou la faiblesse du père

L'absence d'une figure paternelle stable et structurante durant l'enfance peut également favoriser l'émergence d'une problématique narcissique (Grunberger, 2000).

Que ce soit suite à un décès, un abandon, ou encore une trop grande faiblesse éducative, l'absence du père empêche l'enfant de s'identifier de manière adéquate à un modèle masculin équilibré.

Privé de repères stables pour construire sa personnalité, l'enfant cherchera à compenser ce manque par une quête effrénée de valorisation (Lasch, 2018). Un narcissisme secondaire s'enracine alors pour permettre de surmonter ces carences identitaires.

Tom, 32 ans, est venu me consulter pour des difficultés relationnelles avec ses collègues. Il évoque rapidement un père qui a quitté brutalement le foyer quand il avait 5 ans, laissant sa mère seule avec deux enfants. Tom a grandi sans figure paternelle, avec une mère fragile qui avait du mal à poser un cadre éducatif. En conséquence, Tom a construit une image de lui grandiose et cherche constamment à imposer son autorité de manière excessive dans ses relations professionnelles. Il présente également une grande fragilité narcissique dès que ses compétences sont remises en question.

Une mère dépressive ou carencée

Selon Winnicott, une mère en dépression chronique, ou présentant des carences affectives, peut également être à l'origine de blessures narcissiques chez l'enfant.

Incapable de répondre adéquatement aux besoins émotionnels du nourrisson, cette mère ne remplit pas sa fonction de miroir et de soutien psychique. L'enfant construit alors un faux-self pour faire face à ce manque et tenter de s'adapter.

La mère de Xavier était en dépression chronique, suite au décès de ses parents lorsqu'elle était adolescente. Il la décrit comme une femme absente, repliée sur sa douleur, ne manifestant que peu de marques d'affection envers ses enfants. Xavier a développé très tôt un narcissisme compensatoire pour obtenir l'attention maternelle qui lui faisait tant défaut. Encore aujourd'hui, il met tout en œuvre pour être le centre d'attention et combler ce vide affectif intériorisé.

Une éducation excessivement bienveillante

L'éducation bienveillante prône une parentalité équilibrée, à la fois ferme et empathique. Mais certains dérapages peuvent accentuer les tendances narcissiques de l'enfant.

Par exemple, des parents qui idéalisent excessivement leur enfant, le percevant comme extraordinaire ou exceptionnel. L'enfant peut développer un sentiment illusoire

de toute-puissance, et de droit à un traite-
ment de faveur.

Ou encore une validation et une valorisation constantes de l'enfant, sans encourage-
ments à l'effort. L'enfant attend alors des gratifications sans rien donner en retour, ce qui
renforce son égocentrisme.

Une absence de cadre et de limites claires
favorise aussi les comportements égoïstes.
L'enfant n'apprend pas à faire des concessions, à respecter des règles collectives.

Enfin, trop de permissivité face aux désirs
de l'enfant l'habitue à obtenir immédiatement ce qu'il veut. Il devient incapable de
gérer la frustration, ce qui peut mener à des
crises narcissiques.

Je reçois Léo, 15 ans, en consultation
à la demande de ses parents pour des
problèmes de comportement.
Au fil des séances avec Léo, j'ai dé-
couvert qu'il a été élevé par des parents extrêmement bienveillants, et
même complaisants. Ils le couvraient
de compliments excessifs, minimisaient

systématiquement ses défauts, et cé-
lébraient avec emphase ses moindres
réalisations.

Léo a grandi dans la conviction d'être
exceptionnel et d'avoir des droits sur
tout. Ses parents ne lui ont jamais im-
posé aucune règle ni aucun cadre, lui
disant qu'il était suffisamment intel-
ligent pour qu'ils puissent lui faire
confiance. Ils anticipaient et satisfai-
saient ses moindres envies, sans jamais rien exiger de lui.

Aujourd'hui, Léo est dans l'incapacité
de s'intégrer au lycée. Il attend des
gratifications constantes sans fournir le
moindre effort. La frustration provoque
des crises violentes lors desquelles il
insulte professeurs et camarades.
Malgré leur inquiétude, ses parents ont
du mal à remettre en cause leur éducation, persuadés d'avoir fait au mieux
pour lui. Léo paye le prix de cette bienveillance démesurée qui l'a conforté
dans un sentiment de toute-puissance.

Les autres traumatismes

Outre le cercle familial, divers traumatismes subis pendant l'enfance peuvent fragiliser le narcissisme du jeune enfant (Gabbard, 1994).

Citons notamment :

- Maltraitance physique et psychologique
- Abus sexuels, particulièrement incestueux
- Harcèlement scolaire
- Maladie grave ou handicap
- Deuil d'un proche

Ces expériences, par la détresse qu'elles engendrent, poussent l'enfant à des stratégies narcissiques compensatoires pour faire face à des vécus douloureux intolérables.

Prenons l'exemple de Juliette qui a subi des attouchements de la part d'un membre de sa famille entre 8 et 12 ans. Suite à ce trauma, Juliette a développé une profonde honte et un dégoût d'elle-même, lui donnant l'impression d'être "salie" de l'intérieur. Un surinvestissement narcissique s'est construit en réaction, comme pour masquer sa détresse sous une image d'elle idéalisée. Juliette présente aujourd'hui un narcissisme très fragile, avec une hypervigilance aux regards d'autrui.

Enfant unique : futur "narcisse" ?

Certains experts avancent que les enfants uniques courent davantage le risque de développer des tendances narcissiques, en raison de la focalisation extrême de l'attention et des attentes parentales sur ce seul enfant.

N'ayant ni frère ni sœur avec qui partager cet amour inconditionnel, l'enfant unique est particulièrement sensible au risque de survalorisation de la part de ses parents. Ces derniers placent souvent leurs ambitions, rêves de réussites, et même leur réalisation personnelle, dans ce seul enfant. Une pression qui peut le conduire sur le chemin du narcissisme.

Au cours de ce chapitre, nous avons pu explorer les différentes sources possibles du narcissisme ancrées dans l'enfance. Que ce soit au niveau de la cellule familiale, de traumatismes divers ou de carences affectives, le dénominateur commun est la fragilisation précoce de l'estime de soi de l'enfant.

C'est en réaction à ces blessures que se développe un narcissisme visant à protéger et à valoriser un moi mis à mal. Sous la surface grandiose qu'il présente à autrui, se cachent des sentiments profonds de vide, d'illégitimité et de honte.

À présent, je vous propose d'explorer les stratégies déployées par le narcissique adulte pour tenter de compenser ses fragilités intériorisées dans l'enfance. Nous verrons comment ces mécanismes de défense, s'ils protègent son amour-propre, finissent par envahir et perturber ses relations à autrui.

LES STRATÉGIES DU NARCISSIQUE

Le narcissique adulte met en œuvre des stratégies spécifiques visant à nourrir constamment son ego et à maintenir une image idéalisée de lui-même. Ces mécanismes trahissent en réalité une estime de soi très fragile, que le narcissique s'efforce de dissimuler.

Cette quête effrénée de gratifications externes sert à combler un vide intérieur et à compenser de profondes insécurités, comme l'a décrit Otto Kernberg, pionnier de l'étude du narcissisme. Le narcissique use de différentes tactiques comme la manipulation, la séduction excessive ou le dénigrement d'autrui, dans le seul but d'obtenir l'attention et l'approbation qu'il estime mériter. Ces comportements permettent de réguler l'estime de soi.

Derrière cette projection de confiance en soi se cache une personnalité très vulnérable aux critiques, qu'elle perçoit comme des attaques personnelles pouvant déclencher une "blessure narcissique" (Giacomin & Jordan, 2014). Le narcissique réagit alors avec colère et mépris, cherchant à tout prix à contrôler son environnement pour préserver son ego.

Ces stratégies destructrices lui permettent de survivre psychologiquement à court terme. Mais à long terme, elles l'enferment dans une spirale négative, renforçant le cercle vicieux de la dépendance aux gratifications externes.

Ce chapitre présente les ressorts psychologiques qui poussent le narcissique à adopter ces comportements nuisibles, mais qui lui sont vitaux pour maintenir une image positive et flatteuse de lui-même.

LA QUÊTE EFFRÉNÉE DE VALORISATION

Le narcissique a un besoin viscéral de se sentir supérieur, admiré et envié des autres. Cette soif inextinguible de reconnaissance est au cœur de sa psyché. Le moindre signe d'approbation le transporte, tandis que la critique, même bienveillante, l'anéantit complètement.

Cette quête effrénée de gratifications externes vise à nourrir constamment son ego, à combler un vide affectif immense. Le narcissique recherche avidement les éloges, les compliments, les hommages. Lors d'une soirée, il va accaparer la conversation pour raconter ses exploits en détails. Sur les réseaux sociaux, il va publier ostensiblement les marques de sa réussite. Au travail, il va s'attribuer les mérites des succès collectifs.

Ces comportements trahissent une fragilité sous-jacente : le narcissique a une estime de soi tellement défaillante qu'il doit se rassurer en permanence sur sa grandeur.

J'ai récemment reçu Marc en consultation, un homme d'une quarantaine d'années en plein questionnement sur sa relation de couple. Il m'a longuement parlé du besoin constant de valorisation de sa femme Stéphanie. Lors de leurs sorties entre amis, elle monopolise toute l'attention en racontant de manière très détaillée ses réalisations professionnelles et ses voyages à l'étranger. Ses amis finissent par discuter entre eux, mais Stéphanie augmente alors le volume de sa voix pour couvrir leurs conversations et reprendre le fil de ses récits glorifiés. Marc m'a aussi confié que, si elle n'est pas le centre de l'attention, Stéphanie devient froide et irritable pour le reste de la soirée, rejetant la faute sur les autres.

D'après lui, elle a un besoin viscéral d'être admirée et validée en permanence. Il a l'impression que, quoi qu'il fasse et quel que soit le nombre de compliments qu'il lui adresse, le besoin de reconnaissance de sa femme est comme un puits sans fond, jamais comblé.

LA MANIPULATION DES RELATIONS

Certains narcissiques, notamment ceux présentant des traits de personnalité perverse, peuvent faire preuve de manipulateurs et exploiter autrui de façon calculée. Toutefois, il est essentiel de souligner que ce comportement ne s'applique pas à tous les narcissiques.

La manipulation est un mécanisme de défense qui permet au narcissique fragile de combler ses besoins affectifs en utilisant autrui. Mais elle peut prendre une dimension pathologique chez les "pervers narcissiques", qui cherchent délibérément à nuire et contrôler leur entourage. Ils charment et séduisent pour mieux manipuler par la suite.

Cette forme grave de manipulation doit être distinguée de la simple instrumentalisation narcissique, où la personne recherche l'attention et l'admiration sans intention malveillante. De même, le "pervers manipulateur" présente une pathologie à part entière centrée sur le contrôle d'autrui.

Si je me base sur mes observations cliniques et mes lectures, je dirais, en restant prudente car de nombreux auteurs ont théorisé cette question, que l'on peut faire les distinctions suivantes entre ces profils :

Le narcissique fragile

Le narcissique fragile peut parfois instrumentaliser ou manipuler autrui, mais de manière "bénigne" et non intentionnelle. Ces comportements viennent d'un profond sentiment de vide affectif et d'une faible estime de soi.

Afin de combler ces manques, obtenir l'attention et l'admiration qu'il recherche, le narcissique fragile use de stratégies, mais sans réelle volonté de nuire ou de contrôler.

Voici les plus fréquemment utilisées :

1- Se mettre en avant

Monopoliser la conversation pour brandir tel un étendard chacun de ses trophées relève du réflexe primaire chez le narcissique fragile. Qu'il s'agisse de concentrer la lumière sur ses réussites professionnelles, de narrer par le menu le récit de ses fantastiques voyages ou d'énumérer avec force détails chacune de ses possessions, il occupera sans vergogne le devant de la scène.

Son but : imposer son moi grandiose au premier plan et nourrir par un flux continu de vantardises son besoin viscéral de reconnaissance.

Au passage, il ne prête aucune attention à autrui, réduit au rang de faire-valoir, et encore...

Tom passe son temps à rebattre les oreilles de ses amis avec ses trophées sportifs glanés au lycée, il y a 15 ans de cela. À chaque réunion d'anciens élèves, il ressort le même discours enjolivé, cherchant désespérément à impressionner l'auditoire. Il a beau en être conscient, il ne peut s'empêcher de le faire, c'est plus fort que lui.

2- Dramatiser outrageusement

À la moindre contrariété, le narcissique fragile dramatise à outrance les torts qu'il estime avoir subis, pour susciter compassion et attention.

> Lors d'une séance, Marc m'a raconté « Lorsque nos amis ont annulé au dernier moment le dîner prévu chez moi, ma femme est entrée dans une crise de larmes interminable, se lamentant de n'être considérée par personne, que tout le monde se moquait d'elle depuis toujours... »

3- Se parer d'atours rutilants

Le narcissique fragile soigne tout particulièrement son apparence, arborant des vêtements, accessoires et voitures clinquants. L'objectif étant de forcer le respect et l'admiration d'autrui, par l'étalage ostentatoire de signes extérieurs de réussite.

4- S'entourer de relations brillantes

Le narcissique fragile cherche à fréquenter des personnalités fascinantes et prestigieuses, ou à défaut, à entretenir des liens - même lointains - avec elles. Afin de bénéficier d'un effet de halo flatteur auprès de ses proches, et de compenser ses propres vulnérabilités.

5- Se positionner en sauveur

Endosser fièrement le costume du sauveur dispensant généreusement son aide est une stratégie prisée du narcissique fragile. Qu'il s'agisse de résoudre un problème grave pour un proche ou de venir en renfort sur une tâche ingrate, il intervient avec fracas et largesse ostentatoire.

Derrière cette aide emphatique et ce zèle à porter secours, se cache en réalité un profond besoin de reconnaissance et d'admiration. Le narcissique fragile orchestre ainsi des mises en scène valorisantes, non par pure abnégation, mais dans l'espoir de restaurer une estime de soi défaillante et de renforcer aux yeux de tous son statut de personne exceptionnelle.

6- Idéaliser autrui (mais pas vraiment)

Le narcissique fragile peut aussi utiliser la stratégie inverse en faisant des compliments excessifs à son entourage sur leur apparence, leurs talents, leur réussite socioprofessionnelle...

En les idéalisant, il espère un retour d'ascenseur de flatteries qui lui permette de réguler son estime de soi malmenée.

7- Se comparer sans cesse

Le narcissique fragile passe son temps à évaluer et quantifier ses capacités, ses biens matériels et ses succès par rapport aux autres. Cette comparaison obsessionnelle lui permet de situer sa propre valeur sur une échelle sociale imaginaire. Elle nourrit aussi ses fantasmes de réussite et de statut envié. En effet, se mesurer sans cesse à autrui, dans une compétition permanente, est le seul moyen pour le narcissique fragile de maintenir une image positive et valorisante de lui-même, cependant illusoire. Ce baromètre relationnel, s'il le rassure temporairement sur sa grandiosité, ne comble jamais durablement le gouffre intérieur qui le tenaille.

Sur les réseaux sociaux, Xavier interagit peu avec ses amis, se contentant de scruter avec envie les marqueurs de réussite qu'ils exposent. Une promotion, un mariage, une maison... Chacun de leur succès le renvoie à son propre sentiment d'échec. Il n'hésite pas non plus à leur demander, quand il les voit, quel est leur salaire, le montant de leur emprunt immobilier, tout en ne dévoilant jamais sa propre position financière.

8- Opérer une relecture édulcorée du passé

Ré-écrire le scénario de son histoire personnelle, en en gommant les aspérités pour la rendre plus conforme au tableau idéalisé de soi-même, est une stratégie-clé du narcissique fragile.

Certains événements du passé, rejaillissant négativement sur l'image qu'il entend donner, susciteront une refonte en profondeur. Traumatismes, deuils, maladies, échecs et autres souvenirs douloureux, seront revisités pour leur offrir une tonalité plus valorisante, avant d'être exposés à un public attendri. Quitte à prendre quelques distances avec la réalité des faits, son récit lissé visera à en mettre plein la vue, et à récolter une admiration de circonstance.

9- S'entourer de fidèles admirateurs

Le narcissique fragile va fréquemment s'assurer, dans son cercle proche, de la présence de quelques personnes fidèles toujours prêtes à le valoriser. Ces "admirateurs", triés sur le volet, lui assurent une source constante de gratifications narcissiques.

10- Se draper dans le mystère

En cultivant une image mystérieuse et insaisissable, le narcissique fragile parvient bien souvent à provoquer la curiosité et l'intérêt de son entourage. Ce halo de mystère sur sa personne lui permet de nourrir les conversations qui alimenteront en retour son ego.

11- Faire l'âne pour avoir du son

Certains narcissiques fragiles n'hésitent pas à se dévaloriser excessivement, pour susciter un mouvement de consolation de la part de leur entourage. On les entend alors exhiber leurs défauts, leurs erreurs, leurs manquements, dans une complainte auto-dénigrante qui sonne faux, mais qui cherche avant tout à provoquer l'apitoiement.

> Carla me parlait de son frère qui passait son temps à geindre sur sa malchance chronique, son manque de talent criant, son incompétence foncière dans toutes les sphères de sa vie... en jetant des regards de chien battu à son auditoire, particulièrement aux membres de sa famille. Bien entendu, ceux-ci se sentaient alors obligés de le rassurer, de valoriser ses qualités, de remonter son estime de lui-même qui semblait être en lambeaux. Outre le malaise que provoquait chez Carla ce petit scénario bien rodé, elle se sentait inexistante aux yeux de ses parents qui ne lui donnaient finalement que très peu d'attention ; ils passaient leur temps à valoriser son frère.

Voilà qui illustre bien ce mécanisme du "pauvre de moi », où le narcissique joue les

misérabilistes pour récolter les éloges répara-
teurs de ses proches.

Ces différentes tactiques trahissent un
même objectif : permettre au narcissique
fragile de satisfaire momentanément son besoin viscéral de gratifications extérieures.
Qu'il manipule l'auditoire ou suscite la compassion, chaque action vise à combler - au
moins de façon éphémère - une estime de soi
en berne.

Bien qu'adoptant à certains moments des
stratégies relationnelles discutables, le narcissique fragile ne cherche pas réellement à
exercer une emprise durable et malsaine sur
ses proches. Ses tentatives désespérées d'accaparer l'attention trahissent avant tout un
immense besoin affectif qu'il ne parvient pas
à assouvir en profondeur par ces interactions
superficielles.

Une fois son ego regonflé de lauriers et de
louanges, le narcissique fragile abandonne
immédiatement la source de ce précieux
nectar pour retourner à ses tourments inté-
rieurs. Ne cherchant dans l'autre qu'un miroir provisoire, il rompt le lien aussi sec

lorsque ce dernier ne remplit plus son usage ; à moins qu'il ne faille à nouveau panser ses blessures narcissiques.

Le pervers narcissique

Le pervers narcissique va plus loin dans la manipulation, avec une véritable intention de contrôle et de destruction. Sa manipulation est consciente et stratégique. Voici quelques exemples de ses comportements manipulateurs :

• Charme et séduction

Le pervers narcissique va utiliser tout son charme, sa courtoisie et ses talents oratoires pour captiver et envoûter sa cible. Il flatte avec raffinement, et fait miroiter monts et merveilles par ses belles paroles.

Son objectif est de créer une accoutumance chez l'autre, une addiction à l'état de fascination dans lequel il le plonge. En le bombardant de compliments et de promesses idylliques, le pervers narcissique cherche à provoquer un état de dépendance affective.

Une fois sa cible séduite et émotionnellement ligotée à lui, il pourra peu à peu prendre le contrôle et instaurer son emprise. L'admiration et le désir qu'il suscite sont les instruments de son futur asservissement.

En jouant astucieusement de la séduction, le pervers narcissique pose les bases qui lui permettront par la suite des passages à l'acte plus sombres. Sous couvert de mots doux et d'élans passionnés, se trame un plan machiavélique de manipulation des sentiments les plus nobles.

• Cadeaux et faveurs

Une technique fréquemment utilisée consiste à distribuer généreusement présents sompteux et services rendus aux personnes ciblées. Ces gestes, apparemment altruistes, ont en réalité pour objectif de créer un fort sentiment d'obligation. La personne qui reçoit se sent alors redevable, et finit par se soumettre aux volontés de l'autre pour "rembourser sa dette". Le manipulateur assure ainsi son emprise et son contrôle, sous couvert de grandes largesses..

• Veiller à l'image extérieure

Le pervers narcissique est très vigilant quant à son image publique auprès de ses différents cercles sociaux. Charmant et avenant pour son entourage, il change de visage dans l'intimité avec sa victime.

Il va contrôler et manipuler l'information : d'un côté, il veille à donner de lui une image prestigieuse et irréprochable en société ; de l'autre, il discrédite sa victime en colportant rumeurs et calomnies.

Cette stratégie perfide a pour but d'isoler un peu plus encore sa proie. En effet, celle-ci va se heurter à l'incrédulité de son entourage quand elle tentera de dénoncer le comportement du pervers narcissique. Ses accusations seront perçues comme mensongères ou exagérées.

Ce décalage entre l'image publique charismatique que renvoie le pervers narcissique, et la réalité vécue par sa victime, est une épreuve supplémentaire pour cette dernière. Cela renforce son sentiment d'isolement.

Par ailleurs, le pervers peut aussi "se lâcher" dans la sphère privée, par exemple en famille. Il peut alors ôter son masque de bienveillance, et laisser libre court à ses pulsion agressives refoulées, à l'abri des regards.

Ainsi, par un savant dosage public-privé, le pervers narcissique parvient à exercer son emprise tout en conservant intacte sa réputation.

• Mises en scène émotives

Le pervers sait aussi recréer des mises en scène très théâtrales, par des explosions de colère ou des crises de larmes, destinées à impressionner ou à apitoyer.

• Stratégies de peur

Le pervers narcissique va progressivement instiller la peur chez sa cible pour mieux la contrôler. Cette stratégie peut prendre différentes formes :

- Des colères impressionnantes pour intimider, même pour un désaccord anodin

- Des regards noirs glacials faisant comprendre à l'autre les conséquences d'une éventuelle désobéissance

- Des crises d'anxiété feintes aboutissant à des menaces de passage à l'acte, forçant l'autre à céder

- Des absences de communication prolongées, des silences imperturbables, laissant la victime dans l'angoisse de ses réactions

L'objectif est de maintenir l'autre dans un climat de tension permanente, ne sachant jamais à quoi s'attendre et redoutant le pire. Cette insécurité émotionnelle constante permet au pervers narcissique d'asseoir son pouvoir.

• Intimidation et menaces

Le pervers peut menacer de représailles, de porter plainte ou d'intenter des poursuites juridiques pour forcer sa cible à céder ou se taire. Ces menaces visent clairement à intimider pour obtenir gain de cause.

• Chantage affectif

"Si tu m'aimais vraiment, tu comprendrais que j'ai eu une journée difficile, et tu me pardonnerais pour mon écart de conduite." : voici le style de chantage émotionnel auquel excelle le pervers narcissique. Il s'en sert à tour de bras, en forçant plus ou moins sur la note dramatique selon les besoins.

• Inversion accusatoire

Face aux critiques ou accusations, le pervers narcissique retourne habilement la situation pour se faire passer pour victime. Sa cible finit par douter de sa propre version.

• Discours paradoxaux

En énonçant des contre-vérités sur un ton posé et assertif, le pervers narcissique cherche à déstabiliser l'autre en ruinant sa perception de la réalité.

• Stratégie de la terreur

Certains pervers narcissiques vont jusqu'à utiliser des stratégies extrêmes de terreur pour briser leur(s) victime(s), comme le "stalking" (surveillance et/ou traque), des violences physiques et psychologiques, voire des séquestrations.

On le voit, l'autre n'est qu'un objet pour assouvir son désir de toute-puissance. Le pervers narcissique instaure un lien de dépendance malsain pour mieux dominer et maltraiter ensuite. Sa manipulation est structurée et durable. Il s'immisce psychologiquement dans l'esprit de sa victime.

Le pervers manipulateur

Le pervers manipulateur cultive la manipulation comme une fin en soi. Il y prend un plaisir sadique et y consacre une énergie considérable. La manipulation est son mode de fonctionnement principal dans la vie.

Plus calculateur que le pervers narcissique, sa motivation n'est pas de dominer une personne en particulier, mais de semer la discorde et la zizanie autour de lui. Il peut inventer des histoires et des rumeurs sur autrui, monter les gens les uns contre les autres, juste pour assouvir son désir de contrôle et de chaos.

Voici une liste, non exhaustive, des principales stratégies utilisées par le pervers manipulateur :

• Tisser sa toile

Le pervers manipulateur prend le temps d'étudier le psychisme et les vulnérabilités de ses cibles pour mieux les piéger. Il observe à la loupe leurs failles pour s'en servir ensuite.

• Semer la discorde

Le pervers manipulateur excelle dans l'art de monter les gens les uns contre les autres. Il distille rumeurs et mensonges pour ensuite se délecter des conflits générés.

• Ruiner des reputations

Par de fausses confidences ou des preuves trafiquées, le manipulateur n'hésite pas à détruire la réputation de ceux qu'il vise pour mieux les dominer en les isolant socialement.

• Stratégies de diversion

Pour masquer ses propres turpitudes, le manipulateur n'hésite pas à sacrifier des proches en les faisant accuser à sa place. Ces stratégies de diversion lui permettent de poursuivre impunément ses agissements.

• Manipulation des émotions

Le manipulateur est également passé maître dans l'instrumentalisation des ressorts émotionnels d'autrui. Il n'hésite pas à générer peurs ou culpabilité pour obtenir ce qu'il convoite.

Cette mise en parallèle détaillée permet de mieux cerner les motivations de chaque profil manipulateur et d'y répondre de manière adaptée. Je tiens à préciser que l'objet de ce livre n'est pas d'étudier en profondeur les pervers narcissiques ou manipulateurs, déjà largement décrits par ailleurs. Il s'agit plutôt de comprendre les mécanismes narcissiques ordinaires que nous rencontrons fréquemment dans nos relations, sans verser dans la pathologie grave.

LES CRISES ET LA RAGE NARCISSIQUES

Les crises narcissiques

Le narcissique présente une personnalité très fragile, qui peut s'effondrer lorsque son ego surdimensionné est mis à mal. Face à l'échec, la critique ou la remise en question, il peut sombrer dans des crises narcissiques intenses.

Récemment, Victor est venu me consulter car il traversait une période très difficile au travail. Âgé d'une trentaine d'années, il occupe un poste à responsabilité dans une entreprise. Il avait l'habitude d'être adulé et complimenté pour son efficacité. Mais avec un changement de direction, de plus en plus de critiques ont émergé sur ses méthodes de management.

Lors d'une réunion houleuse, un collègue l'a ouvertement critiqué devant le reste de l'équipe. Victor a alors sombré dans une profonde crise narcissique. Il s'est senti complètement détruit, anéanti, comme si on lui avait porté un coup fatal. Il m'a avoué avoir eu des idées suicidaires tellement l'effondrement était total.

Ce genre de crise révèle la fragilité qui se cache derrière la façade narcissique. Incapable de faire face à la remise en question, le narcissique la vit comme une attaque contre son être profond. Son estime de soi étant si dépendante du regard des autres, la moindre critique entraîne une détresse intense.

La rage narcissique

Lorsque le narcissique se sent insulté ou dévalorisé, il peut entrer dans une rage intense destinée à intimider et dominer son interlocuteur.

Cette colère démesurée vise à rétablir le sentiment de toute-puissance du narcissique en rabaissant l'autre. Elle permet aussi d'éviter de ressentir la souffrance liée à la remise en question.

La rage narcissique s'exprime par des attaques virulentes sur le plan verbal (insultes, mépris, sarcasmes...) mais parfois aussi physique. Le narcissique cherche à écraser l'autre pour recouvrer la supériorité.

Elle peut aussi prendre la forme d'un mutisme complet pendant plusieurs jours. Le narcissique ignore alors son interlocuteur, refuse le dialogue, dans le but de le forcer à faire des concessions pour qu'il daigne à nouveau lui parler.

Cette technique permet au narcissique de reprendre le contrôle et le pouvoir dans la relation. Le mutisme prolongé a pour objectif de culpabiliser et de soumettre l'autre. Le narcissique se complaît dans cette position de force d'où il peut accorder ou non sa parole.

Nous avons exploré deux manifestations saillantes des stratégies du narcissique pour protéger son ego fragile : les crises narcissiques et les accès de rage.

Lorsque l'estime de soi surdimensionnée du narcissique est menacée, il peut sombrer dans des crises intenses et douloureuses. Son sens des réalités est alors altéré, il se sent anéanti. Ces effondrements révèlent la vulnérabilité qui se cache derrière sa façade arrogance.

La rage narcissique a pour but d'écraser l'autre par des attaques virulentes, afin de restaurer un sentiment de toute-puissance. Sous ses dehors de force se dissimule en fait la fragilité de son amour-propre, qui ne supporte aucune remise en cause.

Ces deux mécanismes de défense, aussi destructeurs soient-ils, permettent au narcissique de protéger son ego vulnérable afin de survivre psychologiquement. Ils doivent être compris avec empathie plutôt que jugés avec sévérité.

LES TACTIQUES DU NARCISSIQUE EN SITUATION DE CONFLIT

Le narcissique use de tactiques élaborées pour prendre l'ascendant lors d'un conflit relationnel. Selon les profils, ces stratégies diffèrent dans leur intensité et leur progression. Détaillons ces mécanismes d'emprise ainsi que les réponses à y apporter.

Le narcissique fragile

Le narcissique fragile, celui qui doute de lui en secret, utilise la victimisation, la dramatisation et la rage pour dominer le conflit :

• Victimisation : Il adopte le rôle de victime innocence pour susciter compassion et culpabilité. « Je ne comprends pas pourquoi tu t'en prends à moi... Qu'ai-je fait pour mériter ça ? ». Il retourne la situation pour se positionner en martyr.

Réponse : recentrer posément sur les faits litigieux sans se laisser attendrir.

• Dramatisation : Il exacerbe les conséquences de la contrariété subie pour obtenir réparation. « J'espère que tu mesures à quel point tes paroles me blessent et me rendent malade ! ». Il fait dans la surenchère émotionnelle.

Réponse : relativiser calmement la portée de l'affront.

• Rage : Comme nous l'avons vu plus haut, il s'emporte bruyamment en multipliant insultes et attaques pour anéantir l'autre. Refusant la remise en question, il fonce tête baissée.

Réponse : ne pas répondre à la provocation pour couper court à l'escalade.

Le manipulateur narcissique

Séducteur superficiel, le manipulateur narcissique usera de son charme, de la peur et du chantage affectif pour parvenir à ses fins lors d'un conflit:

• Charme et séduction : Il distille compliment et réconfort factices pour endormir la méfiance et obtenir ce qu'il cherche.

Réponse : déceler la flatterie intéressée en gardant l'esprit critique.

• Peur : Il brandit la menace de l'abandon ou de représailles pour forcer à la soumission. « Si tu n'accèdes pas à ma requête, je porterai plainte ».

Réponse : tenir tête et assumer les conséquences sans céder.

• Chantage affectif : Il fait pression sur les émotions et la culpabilité pour arriver à ses fins. « Si tu m'aimais vraiment, tu ferais ce sacrifice ».

Réponse : réfuter posément le raisonnement tortueux.

Tous ces comportements ont été maintes fois exposés dans des oeuvres artistiques. Je me permettrais juste de vous recommander le film "Mon roi", réalisé par Maïwenn avec Vincent Cassel et Emmanuelle Bercot. Il retrace une relation amoureuse, où celui qui incarne le narcissisme n'est jamais dépeint de façon manichéenne, ce qui rend ce film réaliste d'un point de vue psychologique.

Le manipulateur pervers

Froid et calculateur, le manipulateur pervers use de diverses stratégies sournoises pour piéger et asservir sur le long terme :

• Inversion accusatoire : Il accuse l'autre à sa place pour semer la confusion. Pris en défaut, il se fait passer pour victime.

Réponse : confronter fermement en s'appuyant sur des faits.

• Dénégations : Il nie catégoriquement les faits et propos litigieux malgré les preuves. Il discrédite la mémoire et le discernement de l'autre.

Réponse : réaffirmer calmement sa version en faisant confiance à son jugement.

• Discrédit et humiliation : Il rabaisse l'autre ou révèle des informations compromettantes pour l'ébranler. Sa destruction psychologique facilite son emprise.

Réponse : ne pas répliquer et consolider intérieurement sa valeur personnelle.

Ainsi, suivant le type de narcissique, les tactiques de manipulation et de domination psychologique diffèrent. Mais dans tous les cas, garder son calme et son discernement est primordial pour résister à ces tentatives d'emprise. Une aide extérieure peut s'avérer précieuse face aux manipulations les plus perverses.

Dans le prochain chapitre, nous explorerons plus en détails les différents visages que peut prendre le narcissisme, des plus adaptés aux plus "toxiques". Cette approche nuancée nous permettra de mieux appréhender la complexité de ce trait de personnalité.

LES FACETTES DU TROUBLE NARCISSIQUE

Le narcissisme est un trait de personnalité complexe pouvant prendre des formes variées. Derrière des façades parfois similaires se cachent des réalités différentes.

Ce chapitre explore les principales expressions du narcissisme. Du narcissisme "grandiose" caractérisé par un sentiment de toute-puissance, au narcissisme "vulnérable" beaucoup plus sensible aux critiques. Nous aborderons également l'impact des réseaux sociaux sur certaines dérives narcissiques.

Enfin, comme nous l'avons vu dans le chapitre précédent, il est essentiel de distinguer le narcissique "ordinaire" du pervers narcissique ou du manipulateur, capables de conduites réellement malfaisantes. Ces nuances permettent d'adapter nos réponses.

L'objectif n'est pas de juger mais de comprendre les multiples visages du narcissisme. Cette compréhension empathique est la clé pour aider la personne narcissique à évoluer.

LE NARCISSISME GRANDIOSE

Le narcissisme grandiose est la forme la plus visible du narcissisme. La personne présente un sentiment exacerbé de sa propre importance. Elle se perçoit comme supérieure, exceptionnelle, unique.

Le narcissique grandiose a tendance à l'arrogance et au mépris d'autrui. Il rabaisse les autres pour mieux dominer. Il cultive un sentiment de toute-puissance et un ego surdimensionné.

Cette forme de narcissisme s'accompagne souvent d'une idéalisation de soi. Le narcissique grandiose se met lui-même sur un piédestal. Il peut avoir des rêves de gloire et de succès extraordinaires frôlant la mégalomanie.

Cependant, sous cette assurance de façade se cachent souvent une estime de soi fragile et le besoin de prouver sa supériorité. Le moindre échec ou critique est vécu comme un effondrement total par le narcissique grandiose.

LE NARCISSISME VULNÉRABLE

Le narcissique vulnérable se caractérise avant tout par une estime de soi extrêmement fragile. Il doute constamment de lui-même et de sa valeur. Un manque de confiance en soi chronique le ronge.

Cette faible estime de soi le rend hypersensible à la moindre critique. Le narcissique vulnérable est dans un besoin permanent de réassurance de la part d'autrui. Les compliments sont sa principale source de valorisation.

Contrairement au narcissique grandiose, il n'affiche pas d'arrogance ou d'assurance. Il compense son manque d'amour-propre par une quête effrénée de gratifications externes.

Cette insécurité permanente place les proches dans une position très délicate. Ils ne savent jamais sur quel pied danser, de peur de le blesser en étant trop directs. Ils en viennent à survaloriser la personne de manière excessive et fausse. Mais cette flatterie permanente ne comble jamais son manque affectif.

Diego, un patient d'une quarantaine d'années, est venu me consulter récemment au sujet de sa récente séparation avec Léa, sa compagne depuis 13 ans.

Il m'a expliqué que Léa présentait une extrême fragilité émotionnelle, que la moindre remarque anodine pouvait faire sombrer dans des crises de larmes et de dévalorisation d'elle-même. Dès qu'il exprimait la critique la plus bienveillante, elle répondait « tu as raison, je suis nulle » et s'effondrait. Diego était alors obligé de passer des heures à la réconforter et à nier ce qu'il venait de dire pour la rassurer sur sa valeur. Il n'osait plus rien lui dire quand elle se trompait ou faisait une erreur, de peur de ses réactions excessives.

Il minimisait les conséquences de ses actes, prenait sur lui pour éviter qu'elle ne soit blessée. Mais il avait le sentiment de ne plus pouvoir communiquer de façon saine et que la relation était profondément déséquilibrée.

Après de nombreux essais infructueux pour la raisonner, Diego a pris la décision déchirante de rompre. Il réalisait qu'une relation harmonieuse était impossible tant que Léa ne surmonterait pas ses insécurités envahissantes.

Le narcissique vulnérable demeure dans une grande souffrance. Et ses relations, faute de vérité, perdent en authenticité. Un cercle vicieux qui maintient sa dépendance au regard des autres.

LE NARCISSISME À L'ÈRE DES RÉSEAUX SOCIAUX

Les réseaux sociaux peuvent amplifier un narcissisme déjà présent chez un individu. L'exposition de soi permanente et la recherche compulsive de validation viennent nourrir ce trait de personnalité pré-existant.

Le narcissique trouvé sur les réseaux un terrain idéal pour assouvir son besoin viscéral d'attention et d'admiration. Il va s'adonner à une quête effrénée de "likes", de "followers", cherchant à battre des records de popularité virtuelle. Chaque "like" agit comme une dose de valorisation extrêmement addictive.

Mais les réseaux peuvent aussi encourager l'émergence d'un narcissisme chez des personnes non narcissiques à la base. En effet, le fonctionnement même de ces plateformes, focalisé sur l'image et l'apparence, peut insidieusement développer un narcissisme qui n'existait pas initialement.

L'individu commence par retoucher ses photos grâce à une multitude de filtres, puis observe compulsivement les réactions suscitées. Les commentaires élogieux, même disproportionnés, agissent comme des gratifications narcissiques. La personne finit par cultiver une image idéalisée d'elle-même de plus en plus déconnectée de la réalité.

Il parait donc évident que les réseaux sociaux offrent un terrain extrêmement propice à l'expression du narcissisme, sous toutes ses formes. Ils peuvent le révéler, l'amplifier de manière considérable, voire le générer ex nihilo chez certains individus vulnérables.

LES NARCISSIQUES PERVERS ET MALFAISANTS

Certains narcissiques présentent des troubles associés complexes qui nécessitent une vigilance accrue :

Le narcissique pervers

Comme nous l'avons vu plus haut, le narcissique pervers associe les critères du trouble narcissique (besoin d'être admiré, manque d'empathie, sentiment de toute-puissance) à ceux de la perversion (atteinte du rapport à autrui, jouissance à exploiter et abuser).

Selon le DSM-5, le diagnostic de "trouble narcissique de la personnalité" peut être associé à celui de "trouble de la personnalité antisociale" si les critères des deux sont rencontrés. Le narcissique pervers cultive un plaisir sadique à manipuler et dominer autrui, dans une quête de pouvoir effrénée (voir chapitre sur la manipulation).

J'ai pu observer ce profil au travers de Julien, un patient d'une trentaine d'années venu en consultation pour des troubles anxieux. Cependant, rapidement, le tableau clinique s'est complexifié. Julien présentait un charme superficiel et un discours très séducteur. Mais progressivement, sont apparues des accusations et suspicions à mon encontre, remettant en cause ma bienveillance et mon professionnalisme sans aucun fondement. J'ai compris être face à une personnalité perverse visant à manipuler et déstabiliser l'autre, même (surtout ?) si cet autre est à l'écoute, pour garder le contrôle. Suite à cette prise de conscience du fonctionnement pervers de Julien, je l'ai adressé à des confrères psychiatres spécialisés dans la prise en charge de ces troubles complexes de la personnalité.

L'entourage décrit souvent le narcissique pervers comme charmant et flatteur au début, puis de plus en plus méprisant et cruel. Il installe une emprise malsaine pour asservir sa victime, la dévaloriser et la maltraiter psychologiquement.

Le narcissique malin

Le narcissique malin, ou "malignant" en anglais, présente un sentiment de toute-puissance mégalomaniaque, doublé de traits paranoïaques avec méfiance excessive envers autrui, et potentiellement des traits antisociaux comme l'agressivité.

> Victor est venu me consulter pour des difficultés relationnelles avec son fils adolescent.
> Dès les premières séances, j'ai senti Victor méfiant et sur la défensive. Il cherchait à démontrer qu'il s'y connaissait mieux que moi en psycho-

logie en utilisant des termes compliqués et un langage psychanalytique. Malgré son expertise revendiquée, Victor peinait à accepter mon avis quand je soulignais des lacunes dans son éducation de Louis, son fils. Il campait sur ses positions, persuadé de sa supériorité.

J'ai proposé quelques séances avec Louis pour observer leurs interactions. Petit à petit, en écoutant la souffrance de son fils, Victor a commencé à prendre conscience des conséquences de son narcissisme.

Même si des réflexes égocentriques persistent, Victor a évolué en développant son empathie. Il m'a récemment dit : « Je commence à comprendre comment mon attitude a pu nuire à Louis ».

Otto Kernberg, psychanalyste, distingue ce profil plus sévère du simple narcissique, car il est dans un déni total de réalité et une idéalisation pathologique de lui-même. Son ego hypertrophié masque en fait un profond sentiment de vide qu'il compense par des fantasmes de contrôle.

Le narcissique borderline

Le narcissique borderline présente une comorbidité entre le trouble narcissique et le trouble de la personnalité borderline.

Sur le plan relationnel, il alterne rapidement entre des phases d'idéalisation excessive et de dévalorisation totale de son partenaire. La moindre imperfection entraîne une rupture des sentiments positifs antérieurs.

Ses relations sont marquées par une instabilité majeure et des crises récurrentes. Ses exigences affectives sont démesurées et jamais comblées.

Le narcissique borderline est extrêmement réactif face à la critique ou au rejet. Le moindre désaccord provoque des accès de rage impressionnants, avec insultes ou même violence.

Son humeur est très chaotique, oscillant entre exaltation et accablement profond. La plus petite contrariété peut précipiter un effondrement.

Ce narcissique borderline est terriblement craintif face à l'abandon. Il peut harceler son partenaire de messages et d'appels suite à une séparation.

Il cumule ainsi une énorme fragilité narcissique et une hypersensibilité émotionnelle, le rendant tyrannique dans ses relations. Mais au fond, il souffre d'un manque d'amour incommensurable.

Mais au-delà de la sphère amoureuse, c'est l'ensemble de la vie du narcissique borderline qui est chaotique. Sur le plan émotionnel, il est envahi par ses émotions, avec des humeurs très changeantes. Le moindre stress provoque des colères explosives.

Ses conduites peuvent être impulsives et autodestructrices : consommation excessive, dépenses compulsives, passages à l'acte. Il connaît également des ruptures récurrentes dans sa vie sociale et professionnelle.

J'ai suivi Stéphane, 55 ans, qui présentait ce profil narcissique borderline.

Dans ses relations, il passait rapidement de l'idéalisation la plus extrême, à la dépréciation totale de l'autre. Le moindre défaut entraînait une rupture des sentiments positifs antérieurs. Ses exigences affectives étaient démesurées et jamais comblées. Sur le plan émotionnel, il était envahi par ses émotions, avec des humeurs très fluctuantes, et des accès de rage impressionnants au moindre désaccord. Il connaissait également des ruptures à répétition, dans sa vie sociale et professionnelle.

Le narcissique borderline éprouve un sentiment de vide existentiel majeur et une angoisse panique de l'abandon. Sa faible estime de lui-même contraste avec ses attitudes hautaines et méprisantes.

Ainsi, derrière ses aspirations narcissiques se dissimule une personne fragile et instable, qui souffre d'un manque affectif immense. Des thérapies spécialisées peuvent l'aider à mieux se structurer. Mais il doit pour cela reconnaître sa problématique.

Au terme de ce tour d'horizon, force est de constater la multiplicité des visages qu'arbore le narcissisme, du plus commun au plus sévère. Si certaines expression de cet amour propre démesuré affectent modérément l'entourage, dans ses versions les plus graves, le narcissisme génère des ravages relationnels profonds.

En effet, plus il envahit le psychisme, plus le narcissique perd toute capacité à l'empathie, verrouillé dans la poursuite éperdue de ses intérêts. Incapable de considérer autrui autrement que comme pourvoyeur narcissique ou faire-valoir, ses relations se retrouvent rapidement mises à mal. Ses proches, épuisés de tant donner sans jamais rien recevoir en retour, finissent alors par rompre les liens.

Le narcissique lui navigue de relations superficielles en relations superficielles, sans parvenir à créer de véritables intimités affectives, faute de cette ouverture à l'autre nécessaire.

Au chapitre suivant, nous explorerons plus en détails les dégâts causés par le narcissisme dans la sphère relationnelle élargie, qu'il s'agisse de la vie sentimentale, amicale ou professionnelle du narcissique.

RELATIONS ET NARCISSISME

Le narcissisme a des répercussions importantes dans les relations interpersonnelles du
narcissique, qu'elles soient amoureuses,
amicales ou professionnelles.

Dans ce chapitre, nous explorerons les difficultés vécues par le narcissique dans sa vie
sentimentale, souvent chaotique et instable.
Nous verrons également comment son égocentrisme exacerbé complique ses relations
sociales et professionnelles.

Derrière l'apparence d'assurance du narcissique se cachent en réalité de profondes
blessures relationnelles. Son estime de soi
dépendant du regard des autres, il oscille
entre phases d'exaltation et de détresse dans
ses interactions.

Je vous propose d'examiner les ressorts de
ces difficultés relationnelles récurrentes.

UNE VIE AMOUREUSE INSTABLE

La vie amoureuse du narcissique est généralement chaotique et instable. Ses relations intimes sont fortement impactées par les traits de sa personnalité.

Derrière une apparence de passion et de romantisme se cachent souvent de grandes difficultés à s'investir sur le long terme. Car les différents types de narcissisme affectent diversement la capacité à aimer et à s'engager pleinement.

Explorons à présent les spécificités relationnelles de chaque profil narcissique dans la sphère amoureuse.

Le narcissique grandiose

Le narcissique grandiose vit généralement des passions amoureuses intenses mais éphémères. Dans la phase de séduction, il déploie tout son charme pour éblouir et conquérir son partenaire. Mais une fois en couple, il perd rapidement de l'intérêt, ne recevant plus l'admiration continue dont il a besoin.

Il a tendance à idéaliser excessivement son partenaire au début. Puis à le dévaluer dès les premières imperfections constatées. Ses exigences de perfection irréalistes conduisent à une succession de déceptions sentimentales et à de fréquentes ruptures.

Le narcissique vulnérable

Le narcissique vulnérable s'attache de manière très intense à son partenaire, par peur panique de l'abandon. Mais cette fixation étouffante, doublée de ses insécurités, sabote la relation sur le long terme.

Ses exigences affectives excessives finissent par user l'autre. Et ses crises de jalousie permanentes entament la confiance. Ses partenaires ont du mal à respirer dans cette relation fusionnelle, qui se termine souvent par une rupture.

Le narcissique pervers

Le narcissique pervers instrumentalise et exploite son partenaire à des fins de contrôle et de domination. Il peut le rabaisser et le maltraiter psychologiquement une fois sous emprise.

Sous des dehors de prince charmant, il installe une relation malsaine et toxique. Ses partenaires se retrouvent piégés et finissent détruits psychologiquement.

> Sarah est venue en consultation au sujet de sa relation avec Éric. Au début, il était charmant et attentif. Puis il a commencé à la déstabiliser par de micro-gestes de contrôle, et des alternances de gentillesse et de rejet.

Il niait certains propos ou gestes, puis rejetait la faute sur elle. Sarah se sentait perdre pied. Éric l'isolait de ses amis et famille.

Plus le temps passait, plus il remettait en question ses perceptions et souvenirs. Sarah doutait d'elle-même, se demandant si les mots blessants d'Éric avaient vraiment été prononcés.

En thérapie, elle a réalisé qu'elle était victime de gaslighting*. Éric la manipulait pour la déstabiliser et la dominer. Sarah a puisé la force de partir de cette relation où elle se sentait perdre sa lucidité.

Avec le recul, elle a identifié les drapeaux rouges initiaux annonciateurs de la manipulation perverse. Sarah se reconstruit peu à peu.

— — — — —-

*Le gaslighting, ou détournement cognitif, vise à déstabiliser la victime pour mieux la dominer. Par un savant dosage de mensonges, de dénis et de déformations de la réalité, le manipulateur conduit la personne à douter d'elle-même, de ses perceptions, de sa propre santé mentale. Cette insidieuse remise en cause de son jugement fragilise ses défenses et facilite son emprise.

Le narcissique borderline

Le narcissique borderline alterne entre fusion et rejet brutal dans ses relations amoureuses.

Lorsqu'il idéalise son partenaire, il fusionne de manière excessive et étouffante. Mais au moindre accroc, il bascule dans la dévalorisation la plus totale.

Sa peur panique de l'abandon et ses exigences affectives intenses conduisent à des ruptures fréquentes. Ses partenaires, épuisés, finissent par le quitter.

Josepha a vécu un mariage éprouvant avec Paul, conjoint narcissique borderline.

Il pouvait passer de la passion dévorante à la colère froide en quelques heures seulement. Un simple retard ou une soirée annulée déclenchaient ses crises.

Josepha marchait constamment sur des œufs, tentant d'anticiper les moindres besoins de Paul pour éviter la crise. Elle annulait ses propres soirées

avec des amis pour rester avec lui.
Mais rien ne semblait jamais suffire à le rassurer.

Josepha était épuisée par ces montagnes russes émotionnelles permanentes. Elle a fini par le quitter, n'en pouvant plus de cette instabilité sentimentale qui la détruisait à petit feu.

Cet exemple illustre l'instabilité extrême des narcissiques borderlines dans leurs relations intimes. Leur sensibilité exacerbée engendre des montagnes russes émotionnelles qui usent l'entourage.

DES DIFFICULTÉS RELATIONNELLES ÉLARGIES

Les difficultés relationnelles du narcissique ne se limitent pas au cercle intime. Son égocentrisme a aussi un impact négatif sur ses relations sociales élargies et sa vie professionnelle.

Dans ces contextes, la personne souffrant d'un trouble narcissique, quel qu'il soit et quel que soit son degré, impose également sa vision des choses, et son besoin d'être au centre de l'attention. Elle éprouve des difficultés à s'intégrer dans un groupe ou une équipe et à collaborer avec autrui.

Son arrogance et son manque d'empathie compliquent les interactions sociales. Ses exigences démesurées nuisent à son évolution professionnelle.

En société

Le narcissique rencontre de nombreux obstacles relationnels dans sa vie sociale du fait de son égocentrisme.

Lors d'interactions de groupe, il cherche à accaparer l'attention en monopolisant la parole. Il considère ses opinions comme plus importantes et ne laisse pas s'exprimer les autres.

Le narcissique a du mal à s'intégrer dans un groupe. Sa tendance à se percevoir comme spécial et unique l'empêche de créer des liens profonds. Ses amitiés restent souvent superficielles.

De plus, son manque d'empathie l'empêche d'écouter vraiment autrui. Il se lasse rapidement des conversations qui ne le concernent pas directement.

Le narcissique manque également d'intelligence émotionnelle, ce qui le rend maladroit dans ses relations. N'ayant pas accès à ses propres émotions, il ne peut comprendre celles des autres.

Ceci explique qu'il soit incapable de saisir les signaux d'agacement, d'ennui ou de gêne de son auditoire lorsqu'il monopolise la parole. Ou qu'il ne réalise pas qu'il est envahissant en exigeant trop d'attention.

Son manque d'empathie l'empêche de se mettre à la place d'autrui. Il ne perçoit donc pas en quoi ses comportements égocentriques peuvent être pesants et rejetés par les autres.

A force d'arrogance et d'égocentrisme, le narcissique finit par lasser son entourage social. Ses relations se distendent et se vident de leur substance.

En milieu professionnel

Le narcissique rencontre également des obstacles relationnels importants dans sa vie professionnelle.

Là encore, son besoin d'être au centre nuit à son intégration dans une équipe. Il cherche à tirer la couverture à lui et à s'approprier les idées des autres.

Son arrogance l'empêche d'accepter les critiques constructives et de remettre en question ses méthodes. Il est persuadé de toujours avoir raison.

Le narcissique a du mal avec l'autorité et les hiérarchies. Il supporte difficilement d'avoir un supérieur et de recevoir des ordres.

S'il occupe un poste de pouvoir, son manque d'empathie fait de lui un manager autoritaire. S'il est subordonné, son égo surdimensionné le pousse à l'insubordination.

Ces difficultés relationnelles freinent l'évolution professionnelle du narcissique et nuisent à la cohésion des équipes.

COMPRENDRE POUR SE PROTÉGER

Nous venons de voir que les relations avec un narcissique s'avèrent souvent éprouvantes. Sous des dehors assurés, le narcissique dissimule une extrême fragilité qui impacte profondément ses interactions avec autrui.

Ce chapitre explore les principaux travers narcissiques dans la relation à l'autre : la susceptibilité maladive, les tentatives de contrôle et de manipulation, l'incapacité aux compromis. Nous verrons également comment ces comportements affectent l'entourage, créant incompréhension et étouffement.

Enfin, nous aborderons des clés concrètes pour réagir face à un proche narcissique : fixer ses propres limites avec fermeté tout en conservant de l'empathie.

L'objectif est de mieux comprendre pour mieux répondre au narcissisme, et éviter les pièges d'une confrontation stérile ou d'une complaisance excessive.

HYPERSENSIBILITÉ

C'est un trait saillant chez le narcissique. En raison de son ego fragile, il perçoit toute remarque un peu critique comme une attaque insupportable. Même une suggestion bienveillante peut être vécue comme une remise en cause de sa personne tout entière.

Cette extrême susceptibilité rend toute discussion sereine très difficile. Le narcissique se braque, se vexe, dès que le dialogue prend une tournure qui ne lui plaît pas. Une simple divergence d'opinion est interprétée comme un affront.

De plus, cette hyper-réactivité émotionnelle place l'entourage dans une position délicate. On marche constamment sur des œufs, de peur de froisser le narcissique et de déclencher une crise. Cela engendre progressivement frustration et ressentiment chez les proches.

Lorsque l'entourage remarque ce type de réactions, une tentation peut être de confronter le narcissique en étayant le propos d'exemples, pour lui faire prendre conscience de la problématique. Mais attention : cette démarche bien intentionnée risque fort de se retourner contre son initiateur ! Convaincu de son bon droit, le narcissique vivra ces retours comme des attaques personnelles insoutenables. S'en suivront probablement des réactions violentes, et la rupture de la relation. À moins d'être prêt à prendre ce risque et à assumer ses conséquences, mieux vaut s'abstenir.

D'un autre côté, le narcissique peut aussi paradoxalement se dénigrer et se plaindre de ses défauts pour susciter la compassion et les compliments. Ces brusques revirements, entre auto-glorification excessive et autodépréciation, sont très déstabilisants pour l'entourage, qui est ainsi maintenu sous emprise émotionnelle.

TENDANCE À LA MANIPULATION

Comme je l'ai déjà évoqué dans cet ouvrage, le narcissique a souvent une approche très utilitariste de ses relations. Il considère autrui comme des instruments pour assouvir ses propres besoins, et non comme des personnes à part entière.

Cette tendance à la manipulation et au contrôle peut également s'exercer de manière progressive. Au début, le narcissique peut se montrer très charmant et attentif pour séduire sa cible. Puis, une fois la relation établie, il commence à exiger et à culpabiliser pour obtenir des services ou de l'attention. Ses demandes augmentent insidieusement, plaçant l'autre dans un inconfort croissant.

RIGIDITÉ RELATIONNELLE

Le narcissique éprouve beaucoup de difficultés à faire des concessions et des compromis dans ses relations interpersonnelles. Sa vision des choses lui apparaît toujours comme la seule valable.

Cette rigidité empêche tout dialogue constructif et toute négociation sereine. Le narcissique campe sur ses positions, refuse de prendre en compte l'opinion d'autrui. La moindre objection est perçue comme une remise en cause insupportable.

Cette absence de compromis place les proches dans une impasse. Soit ils cèdent devant le narcissique, soit ils entrent dans un rapport de force stérile. Les discussions tournent au dialogue de sourds.

Pourtant, accepter le compromis est essentiel pour construire des relations épanouissantes. Il faut oser exprimer calmement son désaccord avec le narcissique, et proposer des solutions médianes, sans attendre son approbation.

Cette fermeté bienveillante est souvent la seule manière de faire évoluer le rapport de force vers un dialogue plus équilibré.

Lorsqu'on est sous l'emprise d'un narcissique, il peut être très difficile de prendre du recul et de réaliser à quel point la relation est devenue toxique, tant les mécanismes de dépendance affective et émotionnelle sont puissants. Pourtant, ouvrir les yeux est souvent la première étape avant de parvenir à se libérer.

CONSÉQUENCES SUR L'ENTOURAGE

Pour l'enfant

Grandir avec un parent narcissique laisse des conséquences profondes qui perdurent à l'âge adulte. Privé d'une attention authentique à ses besoins, l'enfant construit son estime de soi sur un modèle parental centré sur lui-même.

Ces carences affectives se traduisent chez l'adulte par un manque de confiance en soi et en ses capacités. La peur de décevoir le parent continue d'inhiber ses désirs et ses choix de vie. L'adulte-enfant marche constamment sur des œufs avec son parent, de crainte de froisser son ego surdimensionné.

> Marion a été élevée par Béatrice, une mère narcissique. Les compliments qu'elle recevait étaient détournés pour valoriser sa mère. L'admiration mater-

nelle dépendait des réussites reflétant positivement sur elle.

Aujourd'hui, Marion culpabilise d'avouer à Béatrice qu'elle est insatisfaite de sa carrière en médecine. Elle continue de tout faire pour la rassurer et éviter de la décevoir, au détriment de son propre épanouissement.

Cet exemple illustre comment les carences narcissiques entraînent une difficulté à s'affirmer et à déplaire au parent, même à l'âge adulte. L'estime de soi reste durablement fragilisée.

Pour le conjoint

Partager sa vie avec un conjoint narcissique représente un fardeau considérable au quotidien. Le narcissique attend une attention constante et exclusive de son partenaire.

Le conjoint se retrouve dans l'incapacité de s'exprimer et de partager ses propres besoins et émotions. Il doit constamment valoriser le narcissique, au détriment de lui-même.

Je reçois depuis peu de temps en consultation Gilles, un homme d'une cinquantaine d'années en instance de séparation après 25 ans de vie commune avec son conjoint Christophe. Gilles me rapporte que Christophe présente un fort narcissisme de type "grandiose". Il attend constamment que Gilles soit admiratif et à son service. Gilles doit encenser chacune de ses actions, être toujours disponible lorsque Christophe a besoin de lui.

En retour, Christophe ne s'intéresse jamais vraiment à Gilles, il monopolise les échanges pour parler de lui et de ses accomplissements. Gilles doit le complimenter en permanence, sans jamais émettre la moindre critique.

Après des années à étouffer sa propre personnalité pour satisfaire les besoins narcissiques de Christophe, Gilles s'est éteint. Il ne sait plus qui il est, écrasé par le caractère envahissant de son conjoint. Malgré la douleur, il a décidé de se séparer pour se libérer de cette relation toxique.

Cet exemple pointe les conséquences néfastes du narcissisme sur la vie de couple : sacrifice de soi, solitude affective, peur des crises. Le conjoint du narcissique vit un épuisement progressif.

DES TECHNIQUES POUR SE PROTÉGER

Face aux conséquences négatives du narcissisme sur leur vie, il est essentiel que les proches mettent en place des techniques pour se protéger.

Tout d'abord, il est important de garder à l'esprit que le narcissique souffre d'un profond mal être qu'il cherche à compenser. Conserver son empathie est capital, même si cela ne doit pas mener à tout accepter.

Ensuite, les proches doivent apprendre à fixer leurs propres limites, de manière ferme mais non agressive. Il est possible de dire non aux exigences du narcissique, sans rompre la relation. Cependant, dans les cas extrêmes, comme lorsque l'on se trouve face à un pervers narcissique, une rupture nette est parfois la seule solution viable.

Enfin, dans les situations de crises aigües, une distance physique momentanée peut s'avérer salutaire, le temps que la tempête narcissique s'apaise.

Poser ses limites

Les proches doivent apprendre à fixer leurs propres limites, de manière affirmée mais sans agressivité. Face à une exigence abusive du narcissique, il est possible de dire "non" fermement, sans justification excessive.

> Marion m'expliquait qu'enfant, ses moindres réussites scolaires étaient célébrées avec emphase par sa mère, mais la moindre médiocrité sévèrement critiquée. Marion a grandi dans un profond manque de confiance en elle. Adolescente, Béatrice contrôlait étroitement ses fréquentations et ses tenues vestimentaires. Marion devait répondre aux SMS maternels dans la minute et rendre des comptes sur toutes ses activités.
>
> Aujourd'hui, Béatrice continue de vouloir orchestrer la vie de Marion. Elle exige qu'elle vienne tous les weekends et jours fériés, au détriment des envies de Marion. Celle-ci n'ose s'opposer, de peur des crises violentes de sa mère.

En thérapie, Marion a progressivement puisé la force de poser des limites. Elle a appris à dire "Non maman, je ne peux pas venir ce weekend" sans se justifier. Béatrice fait encore des crises, mais Marion tient bon, et constate que ça finit par passer.

Elle réalise à quel point elle s'est construite dans la peur de déplaire à sa mère, et combien il est libérateur de s'affirmer, même si le chemin est difficile.

Se retirer physiquement

Lorsque la personne narcissique est dans un état d'énervement tel qu'aucun dialogue n'est possible, une distance physique momentanée peut-être salutaire.

Il est préférable de se retirer et attendre que la crise se tasse, plutôt que de chercher à raisonner le narcissique à ce moment. Cette technique évite de subir de plein fouet sa rage narcissique.

Protéger les enfants

Lorsqu'un parent est narcissique, il est essentiel de porter une attention particulière aux besoins de l'enfant et de le protéger.

L'autre parent peut par exemple instaurer des moments privilégiés d'écoute et de soutien, pour compenser le manque d'empathie du parent narcissique.

Il peut aussi servir de "tampon" lors des crises de colère du narcissique, et rassurer l'enfant sur le fait qu'il n'est pas responsable.

En grandissant, l'enseignement de techniques d'affirmation de soi et de gestion des émotions sera précieux pour l'enfant. Il pourra ainsi se prémunir des conséquences du narcissisme parental. Voici quelques pistes non exhaustives:

TECHNIQUES D'AFFIRMATION DE SOI

- Apprendre à l'enfant à exprimer ses besoins et opinions avec un "je" positif. Lui enseigner des phrases-type pour répondre au parent.

- L'encourager à tenir bon face aux manipulations, en répétant calmement son point de vue sans se justifier.

- Lui donner des exemples de limites à fixer, et le féliciter quand il s'affirme.

GESTION DES ÉMOTIONS

- Lui enseigner des techniques pour se calmer : respiration, pensées apaisantes.

- L'aider à identifier et exprimer ses émotions, dans un journal par exemple.

- Le réconforter et valoriser ses efforts pour gérer ses émotions.

Armé de ces outils, l'enfant saura mieux interagir avec un parent narcissique et se préserver.

Cultiver compassion ne signifie pas tolérer l'intolérable ni s'oublier pour l'autre. Se protéger est indispensable pour interagir sereinement malgré la détresse du narcissique.

Nous avons vu que garder son calme, se retirer temporairement, ou encore fixer ses limites avec tact, permettaient de faire face aux crises du narcissique tout en ménageant son ego fragilisé. Une délicate position d'équilibre.

Cependant, même en manifestant empathie et fermeté, le narcissique reste souvent enfermé dans ses mécanismes. La possibilité d'évolution de ce trouble de la personnalité fait donc l'objet de nombreuses interrogations.

Nous explorerons dans le chapitre suivant dans quelle mesure une amélioration est envisageable pour le narcissique, quelles en sont les conditions, et quels exemples de parcours positifs existent. Le défi est de stimuler sa remise en question sans détruire son amour-propre exigeant. Un fil ténu mais porteur d'espoir.

SORTIR DU NARCISSISME

Le narcissisme est un trait de personnalité difficile à modifier en profondeur, car le narcissique n'a bien souvent pas conscience de sa problématique. Persuadé de sa supériorité, il ne ressent pas le besoin de changer.

Pourtant, avec beaucoup de volonté et un accompagnement adéquat, une prise de conscience et une évolution restent possibles. Ce chapitre explore dans quelle mesure un narcissique peut apprendre à mieux composer avec ses vulnérabilités, en illustrant cela par des témoignages de parcours positifs.

Nous verrons également comment accompagner un enfant présentant des traits narcissiques, avec fermeté et bienveillance, pour l'aider à développer des relations plus équilibrées.

UN TRAIT DE PERSONNALITÉ DIFFICILE À MODIFIER

Le narcissisme est considéré comme l'un des traits de personnalité les plus complexes à faire évoluer en thérapie. Plusieurs obstacles se dressent face au praticien. Tout d'abord, le narcissique ne pense pas avoir un problème à résoudre. Persuadé de sa supériorité, il ne voit pas l'utilité d'une remise en question. Ensuite, il est incapable d'autocritique et de remise en question. Explorer ses failles ou ses blessures le plonge dans une angoisse intolérable qu'il fuira à tout prix.

En outre, le narcissique a beaucoup de mal à éprouver de l'empathie et à se remettre en cause vis-à-vis d'autrui. Changer ses schémas égocentrés lui demande des efforts considérables. Ainsi, sans une réelle prise de conscience et une forte volonté d'évoluer, les défenses narcissiques résistent puissamment au changement.

Néanmoins, avec persévérance et bienveillance, ouvrir une brèche dans cet esprit autocentré reste possible.

L'importance de la prise de conscience

Bien que difficile, une amélioration du narcissisme reste envisageable à condition que la personne prenne conscience de sa problématique et de son impact sur autrui.

Cette prise de conscience peut survenir à la suite d'un événement marquant comme une rupture ou un échec cuisant. Le narcissique entrevoit alors les conséquences relationnelles de ses travers.

Elle peut aussi se faire progressivement, au fil d'échanges bienveillants avec un thérapeute par exemple. Celui-ci aide à pointer les mécanismes narcissiques par des questions et reformulations habiles, amenant à reconnaître sa part de responsabilité.

Ou encore être initiée par le partage du ressenti des proches, faisant toucher du doigt leur souffrance.

Si cette prise de conscience reste un préalable incontournable à toute évolution, fuir le narcissique dès les premiers signes inquiétants est aussi une solution sanitaire qui s'impose parfois.

L'ACCOMPAGNEMENT DU NARCISSIQUE

Lorsqu'une prise de conscience émerge, un accompagnement professionnel s'avère essentiel pour aider le narcissique à faire évoluer ses schémas relationnels.

Les psychothérapies

- La psychanalyse vise à faire émerger les racines du narcissisme dans l'histoire du patient, en explorant son passé et ses relations précoces aux parents. En comprenant d'où viennent ses blessures, le narcissique peut commencer à cicatriser son estime de soi meurtrie.

Au fil des séances, en dénouant ses traumatismes enfouis, ses sentiments refoulés de honte ou de manque, le patient construit une identité plus unifiée et consolide son narcissisme fragilisé. Il devient alors moins dépendant du regard des autres pour se valoriser.

- Les thérapies comportementales et cognitives (TCC) se concentrent sur la modification concrète des pensées et comportements problématiques du narcissique.

Par un questionnement socratique, le thérapeute l'amène petit à petit à prendre conscience de ses mécanismes égocentrés, et de leur impact délétère sur autrui.

Le patient apprend également à identifier les schémas mentaux automatiques à l'origine de ses réactions émotionnelles excessives. Il peut alors développer sa flexibilité cognitive.

Les TCC combattent ses stratégies d'auto-sabotage pour adopter une attitude plus objective et constructive vis-à-vis de lui-même et des autres.

- L'approche humaniste mise sur le potentiel d'évolution du narcissique en cultivant sa considération pour autrui.

Par un dialogue empathique, le thérapeute l'invite à se mettre à la place de l'autre pour comprendre ses émotions et ses besoins. Il l'amène à plus d'ouverture au monde en valorisant ses forces.

Ces prises de conscience, aussi fragiles soient-elles, lui permettent de goûter aux bienfaits de relations fondées sur la réciprocité et l'échange authentique plutôt que la domination.

Peu à peu, son horizon mental s'élargit au-delà de lui-même.

Ce ne sont bien sûr pas les seules thérapies pouvant aider les personnes souffrant du trouble narcissique. Ce sera à chacun d'évaluer ses besoins. En effet, chaque approche thérapeutique agit à sa façon sur la problématique narcissique, pour aider le patient à évoluer vers plus d'équilibre intérieur et relationnel. Il faut surtout garder à l'esprit qu'il est nécessaire de faire preuve de patience, et que les prises de conscience progressives constituent de petites victoires vers la guérison.

Des parcours d'évolution positifs

Jeanne a entamé une thérapie après son divorce douloureux. En explorant les racines de ses schémas dans son enfance, elle a commencé à mieux comprendre ses réactions excessives. Cette prise de conscience lui a permis de reconnaître progressivement les dégâts de ses colères sur ses proches, et Jeanne a décidé de changer.

De son côté, la rencontre de Lara a été déterminante pour Stéphane. Attentive à ses besoins et ses fragilités, Lara l'a aidé à s'ouvrir aux autres et à se remettre en question. Las de ses échecs sentimentaux, Stéphane a persévéré dans cette voie. Investissant des relations vraies et des projets altruistes, il se découvre une nouvelle vie.

Ces témoignages montrent que malgré les obstacles, un travail sur soi portant ses fruits est possible en cultivant sa remise en question et son ouverture à autrui.

Apprendre à composer avec ses vulnérabilités

Même sans guérison complète, le narcissique peut apprendre à mieux vivre avec ses fragilités intérieures.

En prenant conscience de ses points de basculement émotionnels, il peut désamorcer certaines réactions excessives.

Il peut aussi s'exercer à développer son empathie, en prêtant attention aux autres et en imaginant leur perspective.

Enfin, investir des relations affectives sincères ainsi que des activités tournées vers autrui l'aident à déplacer son ego du centre.

A défaut d'éradiquer son narcissisme, ces efforts lui permettent d'apaiser ses relations et de continuer à évoluer positivement.

Accompagner l'enfant narcissique

Chez l'enfant aux tendances narcissiques, parents et éducateurs ont un rôle essentiel pour favoriser la croissance d'une personnalité équilibrée, en dosant fermeté et bienveillance :

- Valoriser ses qualités positives, mais aussi lui faire prendre conscience de ses défauts avec tact et lui enseigner l'autocritique.

- Encourager ses efforts d'intérêt pour autrui, renforcer son empathie naissante.

- Le gratifier de chaque petit progrès dans la gestion de ses frustrations.

Armé de patience et d'amour, l'enfant narcissique peut ainsi apprendre à nouer des relations plus saines, en surmontant ses insécurités.

CONCLUSION

Au terme de cet ouvrage sur le narcissisme, j'espère avoir pu éclairer ce trouble insidieux et ses conséquences relationnelles, au-delà des clichés.

Nous avons vu la diversité de ses expressions, depuis l'arrogance hautaine jusqu'à la fragilité honteuse qu'elle dissimule.

Derrière le masque de l'assurance se cachent des blessures qui guident le narcissique dans sa quête éperdue de validation. Sa stratégie : séduire ou écraser autrui pour combler l'estime de soi. Mais ce monde intérieur tourmenté impacte lourdement ses proches, eux-mêmes prisonniers de ce jeu de dupes. Car, sous couvert d'amour, fuse le venin du dénigrement.

J'ai tenté d'éclairer les rouages de cette personnalité complexe afin de mieux s'en prémunir. L'enjeu étant aussi de repérer les premiers signaux d'alarme, avant qu'il soit trop tard. Fuir à temps le pervers restant parfois le seul moyen de se protéger. En ce qui concerne les enfants, il est souhaitable de redoubler de vigilance, d'écoute et de fermeté, pour déjouer l'emprise narcissique. Les armer pour tenir bon face à ce parent toxique.

Bien sûr, ce vaste sujet mériterait des volumes entiers, tant les problématiques soulevées ici ne sont qu'effleurées. Mon propos n'a pas prétention à l'exhaustivité. Mais simplement à éveiller les consciences, étayer le dialogue, encourager à la remise en question.

Je formule le vœu que ce livre participe, même modestement, à dissiper les incompréhensions face à ce trouble sournois. Et apporte un peu de réconfort à ceux qui en subissent les affres, souvent avec courage et dans la solitude. Vous n'êtes pas seuls.

GLOSSAIRE

Dévaluation : fait de dévaloriser quelqu'un ou quelque chose

Ego : instance psychique responsable de la cohérence du moi

Empathie : capacité à se mettre à la place d'autrui et comprendre ses émotions

Estime de soi : jugement positif que l'on a de sa propre valeur

Égocentrisme : focalisation excessive sur soi-même

Idéalisation : perception exagérément valorisante de quelqu'un ou quelque chose

Manipulation : stratégie visant à orienter la conduite ou le jugement de quelqu'un à son insu

Mégalomanie : surestimation démesurée de soi-même

Narcissique : personne présentant des traits de personnalité narcissiques

Narcissisme : amour excessif de soi-même

Perversion narcissique : association du narcissisme avec la perversion et le contrôle d'autrui

BIBLIOGRAPHIE

American Psychiatric Association. (2015). *DSM-5*.

André, C. (2015). *L'estime de soi*. Odile Jacob.

Gabbard, G.O. (2014). *Psychodynamic Psychiatry in Clinical Practice*. American Psychiatric Publishing.

Grunberger, B. (2019). *Le narcissisme. Essai de psychanalyse*. Payot.

Hawkins, D.R. (2018). *Guérir le narcissisme: La compréhension de la base spirituelle du trouble narcissique*. Guy Trédaniel.

Hirigoyen M.F. (1998). *Le harcèlement moral*. La Découverte.

Jung, C.G. (1953). *Métamorphoses de l'âme et ses symboles*. Georg.

Kernberg, O. (2016). *La personnalité narcissique*. Dunod.

Klein, M. (1968). *Essais de psychanalyse*. Payot.

Lasch, C. (2000). *La culture du narcissisme*. Climats.

Millon, T. (2006). *Le narcissisme*. De Boeck.

Nazare-Aga, I. (2021). *Les manipulateurs sont parmi nous*. Eyrolles.

Oughourlian, J.-M. (2018). *Un mime nommé désir*. Robert Laffont.

Thomas, A. (2016). *Le narcissisme*. Presses Universitaires de France.

Vaknin, S. (2013). *Le Traité de Narcissisme*. Narcissisme Primitif.

Winnicott, D. (1989). *De la pédiatrie à la psychanalyse*. Payot.

A propos de l'auteur :

Véronique Lopez est diplômée en psychologie et psycho-physiologie, et a suivi des formations de psychanalyse et de psychothérapie qu'elle exerce à Paris.

Elle est spécialisée dans les troubles de l'humeur et de la personnalité, les difficultés relationnelles, et les problèmes liés au manque de confiance en soi.

Forte de sa longue expérience de thérapeute, elle a publié plusieurs articles et livres, accessibles à tous, sur la psychologie des couleurs, et sur des problématiques psychologiques telles que la chérophobie, l'asexualité, l'éco-anxiété, etc.